深圳大学MPA（公共管理硕士）系列教材

公共治理中的基层实践案例

主　编　高　梁

经济日报出版社

图书在版编目（CIP）数据

公共治理中的基层实践案例 / 高梁主编. ——北京：经济日报出版社，2019.12
ISBN 978－7－5196－0647－3

Ⅰ.①公… Ⅱ.①高… Ⅲ.①公共管理－案例－汇编 Ⅳ.①D035

中国版本图书馆 CIP 数据核字（2020）第 019314 号

公共治理中的基层实践案例

作　者	高　梁
责任编辑	宫婷婷
责任校对	温　海
出版发行	经济日报出版社
地　址	北京市西城区白纸坊东街 2 号 A 座综合楼 710（邮政编码：100054）
电　话	010－63567684（总编室）
	010－63584556　63567691（财经编辑部）
	010－63567687（企业与企业家史编辑部）
	010－63567683（经济与管理学术编辑部）
	010－63538621　63567692（发行部）
网　址	www.edpbook.com.cn
E－mail	edpbook@126.com
经　销	全国新华书店
印　刷	北京九州迅驰传媒文化有限公司
开　本	710×1000 毫米　1/16
印　张	12.75
字　数	177 千字
版　次	2020 年 3 月第 1 版
印　次	2020 年 3 月第 1 次印刷
书　号	ISBN 978－7－5196－0647－3
定　价	68.00 元

版权所有　盗版必究　印装有误　负责调换

前　言

深圳大学MPA教育中心是唯一一所深圳本土化公共管理专业硕士培养院校。致力于培养立足特区发展与改革前沿，对接粤港澳大湾区创新平台，服务于建设社会主义先行示范区战略目标，提炼城市治理问题并加以解决的公共管理精英。《公共治理中的基层实践案例》是深圳大学ＭＰＡ教育中心的任课教师，基于自己的专业研究，结合MPA的课程体系及培养目标，针对公共管理及基层治理中的热点、难点、重点问题，在忠实于调研获取的一手数据资料的基础上，自主开发的本土案例。本案例集共收录案例10篇，涉及到公共治理中的几大主题。

一是公共政策方面的：《政府津贴对民办教师待遇改善的政策锚定分析——深圳市福田区Ｆ学校的案例》通过对Ｆ学校的个案调查，聚焦政策目标的锚定问题，分析公共政策对实际问题解决的精准程度，这对政府检测政策效果以及今后出台相关政策具有参考价值。《新住房政策导向下深圳市公共住房建设政府与企业合作案例简介——汇邦·名都花园项目》则探讨了新住房政策为保障房建设提供的可行路径；《网络热点事件如何促动政策议程创设？——以〈疫苗管理法〉出台为例》，该案例借用"政策议程三源流理论"，分析网络热点疫苗事件促动政策议程创设的若干因素及其特征。《深圳长租公寓进村遇困记——城市房屋租赁市场培育中的政策失灵与出路》则以知名房地产企业万村公司参与城中村改造遇阻为例，分析了政府关于鼓励与推动住房租赁市场相关政策的实施困境。

二是改革创新方面的：《信息技术如何助力城市基层治理型——基于广州社区网格化管理实践的分析》通过展示在网格化治理的实施和完善过程中信息技术与政治权力的互动关系，来讨论信息技术对中国城市基层社会治理转型的影响机制和政治意义。《"互联网＋医疗"模式如何提升服务质量？——以"微信＋医疗"平台为例》在对微信平台进行深度访谈的前提下，深入分析"互联网＋医疗"平台模式优势及不足，为后续的功能提升及系统完善提出了可行性的建议；《政府寻房记——深圳多模式开辟保障房房源的故事》则是通过若干个小故事的分享，分析了政府不断创新的举措及创新型政府与协同型政府的最新施政理念。《深圳福田区政府投资建设项目管理改革——从行政代理转向市场代理》聚焦福田"新代建制"改革过程，在通过政策文件、新闻报道等多渠道搜集资料与信息的基础上，从代建制改革的动因、改革过程中新模式呈现出来的特征与创新以及有待完善之处全方位认识和理解福田提出"新代建制"模式的创举。

三是基层治理方面的：《社会企业支持平台何以成为行业引擎？——以香港社联社企商务中心（SEBC）为例》，案例回顾了香港社企兴起的背景和香港社企商务中心的发展历程，并对其推动社企发展的策略进行探索，揭示了社企支持平台作为创新生态系统的重要组成部分，扮演资源链接者角色，推动社会创新及社企发展。目前我国内地社企尚处于发育阶段，该机构发展经验对内地如何支援社企发展提供积极借鉴价值。《如何破解业委会"难产"之困？——以深圳市M小区为例》是通过花园小区的典型案例，挖掘出业委会成立中最核心的矛盾及问题，进而推动政府通过公共政策的输出予以解决，并在法律规范及政策指导下，街道办及社区工作站能够有效介入，指导并推动各个小区成立志愿性强，自治性高的业委会，让业主在小区管理中能积极作为，有效参与，实现业主自治，并进一步推进基层自治的实现。

撰写案例的作者均为承担MPA一线教学任务的深圳大学专任教师。案例编写本着立足于特区治理实践，服务于MPA课堂教学的原则，根据教学内容，设计了案例分析及思考题，旨在提升学生对现实问题的深度思考及提供解决问题的多元视角。

前言

以下为撰写案例的教师名单

高　梁：深圳大学管理学院公共管理系　　MPA 中心主任
吴海燕：深圳大学管理学院公共管理系　　副教授
王燕华：深圳大学管理学院公共管理系　　副教授
曾锡环：深圳大学管理学院公共管理系　　副教授
罗文恩：深圳大学管理学院公共管理系　　副教授
耿　旭：深圳大学管理学院公共管理系　　博士
肖棣文：深圳大学管理学院公共管理系　　博士
梁雨晴：深圳大学管理学院公共管理系　　博士

主　编：高　梁
副主编：吴海燕、王燕华、曾锡环、罗文恩、耿旭、梁雨晴、肖棣文

目 录

前 言 ··· 1

深圳福田区政府投资建设项目管理改革
  ——从行政代理转向市场代理 ·· 1

政府津贴对民办教师待遇改善的政策锚定分析
  ——深圳市福田区 F 学校的案例 ····································· 18

信息技术如何助力城市基层治理转型
  ——基于广州社区网格化管理实践的分析 ························· 35

深圳长租公寓进村遇困记
  ——城市房屋租赁市场培育中的政策失灵与出路 ··············· 48

"互联网+医疗"模式如何提升服务质量？
  ——以"微信+医疗"平台为例 ······································· 73

新住房政策导向下深圳市公共住房建设政府与企业合作案例简介
  ——汇邦·名都花园项目 ·· 87

政府寻房记
  ——深圳多模式开辟保障房房源的故事 ··························· 97

如何破解业委会"难产"之困？
  ——以深圳市 M 小区为例 ·· 124

社会企业支持平台何以成为行业引擎？
  ——以香港社联社企商务中心（SEBC）为例 ·················· 148

网络热点事件如何促动政策议程创设？
  ——以《疫苗管理法》出台为例 ····································· 170

深圳福田区政府投资建设项目管理改革
——从行政代理转向市场代理

曾锡环　吴宇芳

(深圳大学管理学院)

摘要：政府工程到底应该怎么管？从经济学视角看，思考政府如何实现与市场的合理分工以提高政府工程的效率是一种回答方式。从公共管理视角看，政府应该如何改革投资管理的体制才能更好地发挥公共管理的职能又是另一种回答方式。然而在我国，实践先行于理论思考，深圳在这十多年来经历了从传统管理方式到集中代建模式再到代建制改革的探索。例如福田 2017 年提出的"新代建制"改革似乎对老问题给出了新答案：将政府对投资建设项目的行政代理转向市场代理。

本文聚焦福田"新代建制"改革的过程，在通过政策文件、新闻报道等多个渠道搜集资料的基础上，从代建制改革的动因、改革过程中新模式呈现出来的特征与创新以及有待完善之处全方位认识和理解福田提出"新代建制"模式的创举。

关键词：福田；新代建制；改革；市场代理

案例内容

一、政府投资项目管理改革的背景

作为经济特区，深圳一直走在各种体制和政策创新的前沿，在政府投资建设领域也不例外,创造了独特的"深圳模式"并在运行的过程中不断地完善。深圳几个老牌特区之一的福田区近期就率先提出并开展了"新代建制"的改革,一种全新的市场化的模式正在酝酿和形成。要了解"新代建制"改革,首先要了解传统的投资管理模式向代建制演变的过程。

(一)传统管理模式:分散自建

最初,政府管理投资建设项目的普遍做法是实行自建制,即政府对其投资建设项目采取直接承建的管理模式,自行筹建并管理其所投资的项目。在自建制下,政府各部门为投资建设项目的主管单位,整体上缺乏一个统筹的机制体系,各个项目临时筹建的众多基建办或工程指挥部分散林立。因此说,政府对于投资项目的传统管理方式是分散自建。

例如,一个项目成功申请立项后,一般由使用单位(当使用单位能力不足时由其上级单位)直接承建,具体做法是建设(使用)单位从内部抽调或临时聘请一些人员组建一个临时机构,即基建办或者工程指挥部来管理项目建设,负责建设项目的可行性研究、初步设计、总概算、招标、施工,到最后验收等全过程的建设管理事务。由于不同的政府投资项目可能同期进行,所以往往容易出现地方有多个基建办或者工程指挥部林立并存的状况。政府投资项目的管理事实上存在各自为政,没有统一的指挥体系对其过程进行控制和管理的问题。虽然这种模式有利于政府内部的沟通和协调,也有利于表达主管单位尤其是使用单位的需求,但由于非专业管理者承担了多重角色,在实践中存在如下诸多弊端:

1. 管理水平不足

分散管理模式下,管理政府投资建设项目的基建办或工程指挥部人员都是从建设单位或使用单位中临时抽调出来的,并非专门从事工程建设或者工程管理方面的专业性人才,所以,对于工程项目的建设要么毫无经验要么经验不足,专业化水平较低。在建设过程中不能对工程的设计、建筑材料的采购等涉及到专业知识的决策进行甄别与选择。虽然在项目建设期间"基建办"能在管理实践中不断地学习和积累经验,但项目完工后,基建办就解散了。等到下一个项目开工建设时,又会抽调出一批没有经验或者经验不足的人员组建成基建办，再陷入周而复始管理水平不足的怪圈[①]。这种管理模式下，不仅使得管理水平长期难以保证，而且一次性的管理模式容易使管理人员缺乏对项目工程的责任感。

2. 管理成本高昂

考虑到政府在投资管理中很大程度地发挥着作用，无论是分散管理还是集中管理，其管理成本都非常高昂，这其中既有显性成本也有隐性成本、既有金钱成本也有时间成本。显性成本指的是在项目预算或结算中可计算的成本，例如聘请专业人才的费用、对管理人员的培训费用以及管理过程中产生的办公费用（分散管理的话还有很多重复建设的成本）等；隐性成本指的是项目预算中无法预计或在结算中也不清楚的费用，例如来自于政府部门之间或企业与政府部门之间按规则进行沟通和协调导致的制度性交易成本、在工程招标过程中可能发生的寻租成本、项目经费可能被管理者或经手人中饱私囊的腐败成本以及工程质量不过关从而导致的后续成本等。除上述提及的金钱成本以外，管理成本中的时间成本同样不容忽视。由于政府采用行政式的方法去管理其投资建设的项目，管理效率总是不尽人意，程序上的繁琐、工程的各种招标、项目的各种审批，以及施工中缺乏激励导致的各种拖沓，使得在传统政府投资项目管理模式下政府投资的周期过长。

3. 权力制约匮乏

政府在其投资建设项目中往往同时扮演了组织者、管理者和经营者三重身份，又以四位一体的模式完全参与到公共项目的投资、建设、管理和运营的整个阶段，"既是运动员，又是裁判员"，因此公共工程在运行的过程中存在权力过分集中又缺乏有效的监督和制约机制的问题。权力的集中意味着在项目建设过程中，施工单位的每一步实施或变更的行为都必须得到上级的批示，项目设计的变更可能根据管理部门的喜好变更频繁，有时甚至会出现专业人员不得不听从非专业人员的意见的怪象。结果就是项目建设过程出现种种不合理的设计，从而又导致工期延长、超出工程预算。

---

① 侯少博，胡忠民. 论项目代建制与传统自建制的优缺点[J]. 中国工程咨询, 2009(05):51-53.

而对于这种集中的权力监管和制约机制是匮乏的，这也意味着在政府投资建设项目中公共责任的匮乏。这种情况下，传统的政府投资项目常常出现的三超现象：超预算、超规模、超标准。

（二）"深圳模式"形成：集中代建

在传统管理模式下政府对投资项目的管理存在诸多弊端，在市场经济体制的发展下市场的作用却越来越凸显。1993年我国开始了投资体制改革，厦门首先进行代建制试点工作，2004年国务院发布《国务院关于投资体制改革》，正式提出推行"代建制"，代建制由此在全国的许多城市开始了漫长的探索实践[①]。

所谓代建制是指政府根据需求，通过招标或直接委托代建单位管理项目的可行性研究、招标、设计、监理、施工等全过程，并在保证质量、安全、投资的前提下，按照进度完成任务，直到工程项目竣工验收后移交使用单位的项目建设管理模式。

深圳是全国最早推行代建制的城市之一，通过借鉴和学习香港工务局模式的经验，深圳市将原来分散在各部门的基建办、指挥部归纳到政府新设的一个事业单位性质的建设管理机构，由具有相关专业背景的人来负责集中管理。深圳开始于2002年成立了隶属于市建筑局的二级机构——建筑工务局：集中管理除交通、水务、公安等以外的政府公共工程，后又于2004年组建直属政府的正局级事业单位——深圳市建筑工务局，其主要职能有：负责市政府投资建设工程项目（水务和交通工程项目除外）的资金管理、前期审批事项报批、招投标管理、预决算和投资控制管理等工作，与之前相比负责的领域和在编人员都得到相应扩大[②]。此后，各区建筑工务局，如福田建筑工务局、南山建筑工务局也相继成立，深圳市政府集中管理投资项目体系由此建立并不断得到完善，从而形成了颇具代表性的"深圳模式"。

---

① 赵阿敏.政府投资项目代建制模式比较与优化研究[D].天津大学,2014.
② 苏永青,尹贻林.政府投资项目集中代建管理模式的探讨——以深圳市建筑工务署为例[J].沈阳建筑大学学报(社会科学版),2011,13(01):53-57.

（三）集中代建遭困境：行政代理引致效率低下

以政府统一管理投资建设项目为特点的"深圳模式"解决了许多传统管理模式下的难题，例如统一项目前期和建设管理，提升了项目管理效率；建工部门对设计、采购、施工分设管理，提升了单项专业化水平；改变以往项目资金与过程管理过于集中在委托单位的状况，有助于防范廉政风险等，但这种模式在运行过程中也产生了以下一些新的问题：

1. 配套机制不健全

这是目前代建模式普遍存在的问题，代建制相关配套机制跟不上代建制本身的发展成为代建制问题存在的核心因素。配套机制不健全主要表现在以下三个方面：

（1）法律机制的不健全。在观念层面上，关于代建的理解仍未达成共识，代建制依然在探索的过程中发展着，各地实行的代建制之间存在较大差别，因此在全国并没有一部能够给代建制过程中出现的问题做出解释的法律。在执行层面，除了一部关于表述比较模糊的代建制试行办法的法规，往往也没有其他的规则和法令可以遵循。因此在代建制实行的过程中，代建单位的法律地位以及相应的义务和权利常常没有得到法律的确认。一方面，在代建过程中政府部门或委托单位可能存在越权干预的行为，导致代建人与委托单位间存在不平衡的关系，代建人缺乏决策等方面的相对独立性，难以真正发挥其优势。另一方面，代建人的义务即使没有如期如实地履行，工程质量出现问题以及维修成本的追究也很困难。

（2）监督体系的不健全。在项目招标、工程施工和验收、项目预结算等环节，现行的代建制还没有建立起一个比较严密的监督体系，严格确保管理部门以及代建单位在代建过程行为的合法规范性，因此常常出现政府工程"低价中标、高价结算"，施工单位非法层层转包分包，违规挂靠等问题。

（3）风险防御机制的不健全。同许多其他建设工程一样，政府投资建设的工程也是存在一定风险的，风险可能来自工程设计、施工、监管不当等，即使法律法规、监督机制设计得再严密，有些风险也难以避免。当前的代建制缺乏风险防范和转移风险的意识，因此面对工程质量不过关等问题时，政府只能无条件追加成本，工程预算从而难以得到有效控制。

2. 代建市场不完善

这也是目前代建模式普遍存在的问题，代建市场的不完善主要表现在不完全竞争和不完全信息两个方面。

代建市场的不完全竞争指的是政府工程代建领域目前还是一个少数公司参与角逐的工程。由于有关代建制的相关法规政策不够完善，评估和选择委托单位的方式和程序不够规范合理，所以能够承接政府投资项目的公司局限在几家公司以内，真正有实力有水平的公司或被拒之门外。当代建市场里面只有寥寥几家公司在角逐投资项目标，很难说这个市场是完善的。

代建市场的不完全信息则是指政府的投资建设规划信息大多处于半公开状态，市场企业并不能公平的同时获取需要的相关项目信息。一方面，大多代建项目的招标采用议标、邀招等方式，而且往往局限于所在地区之内的少数选择，有能力的代建公司有时候反而难以获取信息或者未能及时获取信息。而另一方面，由于没有投标企业信用管理等机制的建立，政府对于投标企业的信息了解也可能是不充分的，因此对于代建企业的筛选也并不总是有效的。总之在代建市场中政府部门和代建部门存在着信息不对称的问题。

3. 管理效率提升遭遇瓶颈

虽然与传统的分散自建管理模式相比，政府集中管理投资建设项目的效率已经有了很大提升，但由于并没有改变政府在投资管理中多位一体的局面，所以现行的集中代建制在本质上是一种行政化的代建制，没有使市场的作用充分发挥出来，因此管理的效率难以再提升甚至出现下滑的趋势。

一方面，建工部门负担过于沉重。由于建筑工务局的编制局限，能给专业人才提供的待遇条件有限，难以真正吸引或留住人才，从而导致专业人才紧缺和人才流失。而这样有限的管理队伍面临的却是近年来政府不断扩大的投资管理需求，并且在集中管理的制度下，项目咨询、设计、勘察、监理、施工等各环节仍需分项招标，多主体参与导致建工部门难以管控，代建的各职能部门的沟通和协调并不总是顺畅的，这就导致各种投资建设的项目不断积压，一个项目从提出申请到正式开工，除非被列为重点项目，否则过程往往很漫长，项目进度缓慢，管理效率低[①]。

另一方面，代建单位缺乏必要激励。既然参与代建的是市场主体，效率自然来自于利益目标的激励，但目前的代建费用标准普遍偏低，而且对提前或超时完成工程的代建企业也没有相应的奖励或惩罚机制，代建企业因而对于提高工程效率和质量普遍动力不足。这就使得政府工程实现代建以后仍然存在建筑质量较差、维修维护不到位等现象。

（四）改革势在必行：探索市场化道路

通过进一步研究分析不难发现，传统代建模式中的行政代理存在固有弊端，政府仅凭一己之力管不好也不可能管好所有的代建项目，代建过程中如果配套机制足够完善，市场可以承担更多的任务而且可以比政府做得更好。这在宏观上也符合经济体制改革中"让市场在资源配置中起决定性作用"的改革思路。于是福田区发展与改革局开始了代建制改革的探索，目的是要突破现有的行政代建模式的束缚，开辟出一条深度市场化的代建之路。

二、改革过程

新的代建制不是否定原有的集中代建模式，而是以此为基础的改进和突破。因而新代建制的改革过程，就可以延伸到集中代建体系确立的过程。

（一）集中代建体系确立

2001年以前，和深圳的其他区一样，福田区的政府投资项目主要采用的是传统的工程指挥部模式，后来深圳借鉴香港的经验，率先开始代建制模式的探索，建立政府投资项目集中代建管理体系，将原来的各部门独

---

① 严玲，周国栋.我国政府投资项目代建制的实施现状及问题分析[J].北京理工大学学报(社会科学版),2009,11(05):31-37.

立筹建的基建办、指挥部等统一归纳到新成立的深圳市建筑工务署。为积极响应市推行的代建制改革,1993年至2001年间,福田区先后成立了政府投资项目建设管理中心(2003年改为现在的福田建筑工务局)、采购中心、会计核算中心、政府投资项目审计中心、物业管理中心,2007年又再新增设一个福田区政府投资项目评审中心,最后形成了以福田建筑工务局为核心的"一局五中心"为格局的福田区政府投资项目集中代建的专业管理体系。从2004年实行施工阶段代建的红岭中学高中部项目到2005年实行全过程代建的福田区科技广场项目,相比传统的工程指挥部模式,集中代建模式在解决三超问题,工程质量等问题方面起到了很大的作用[①]。

(二)行政代理弊端凸显

正如前面提及,随着近年来政府投资的不断扩大,建工部门负担过重、激励不足、专业人才流失严重等直接导致工程项目积压,前期进度缓慢等现象凸显。另一方面,"低价中标,高价结算"、施工单位非法层层转包分包、违规挂靠的行为,导致建筑质量较差、维修维护不到位的情况时有发生。为了应对这些问题,建工部门进一步引入社会代建企业参与政府投资建设项目,形成了"政府集中代建+社会代建"的双重代建模式,一定程度上减轻了建工部门的任务压力,发挥了社会代建企业的专业能力,但是没有从根本上改变以行政化管理方式承担代建项目的缺陷,如拉长了管理链条,进一步降低了效率等。这是因为现行的集中代建模式本质上是一种行政代理模式,存在固有弊端:委托单位与建工部门是行政委托关系而非合同关系,缺乏有效约束力,而建工部门仍是代建主体,虽然引入了社会代建企业,但其主体地位并未确立,因而无法充分发挥作用,由此导致项目建设工期不可控。

(三)改革踏上崭新征程

既然行政代理存在诸多弊端,那么改革就势在必行,福田区由此将代

---

① 丁正红.项目群视角下的政府投资项目集中管理模式效率改善研究[D].天津大学,2011.

建制改革列为区25项重点改革项目之一，率先开始对原有的集中代建管理体系进行优化，目标是建立以合同治理为核心的市场代理代建模式。2017年6月福田出台《福田区政府投资建设项目代建制管理办法（试行）》，随后，福田出台了各项配套制度，包括《福田区政府投资代建项目工程质量潜在缺陷保险实施细则》《福田区政府投资建设项目代建单位预选库管理实施细则》2个细则，及《福田区政府投资建设项目代建方案模板》《福田区政府投资代建项目代建管理费总额控制数费率计提办法》《福田区政府投资代建项目招投标与合同指南》《福田区政府投资项目代建单位预选库使用指引》《深圳市福田区政府投资代建项目资金监管账户操作指引》5个指南。全面建立政府投资项目"新代建制"改革的制度体系，不仅开辟了全国首个全过程、全链条，深度市场化、专业化的代建制新模式，也构建起了目前国内最完善的政府投资代建项目模式系统。

2017年6月，为了向市场释放预期，吸引有实力的代建单位参与代建，在代建制办法公布的同时，福田区向社会公布首批试行项目名录，包括皇岗中学拆建教学综合楼工程、福田区群众文化中心（侨香文化馆）建设工程、香梅片区内涝整治工程、福田区宝能城市公馆配建安居型商品房装修工程四个项目在内，总投资金额13.44亿元，涵盖教育、文化、环境、保障住房等多个民生领域。

2017年9月，福田区举行政府投资代建项目集中启动仪式，19个项目总投资达到75.9亿元，其采用全新的代建模式付诸实施，这意味着作为福田重大改革的代建制改革进入实质实施阶段。这批项目占全区政府年度总投资的四分之一，其中，约31亿元打造精品特色学校，约20亿元美化城区生态环境，约11亿元丰富公共文体服务，约10亿元保障城区公共安全，约4亿元营造城区宜居环境。

目前，部分项目已经进入招标阶段或完成招标阶段即将进行施工。

三、改革实例

作为福田"新代建制"首批试水市场化代建制的项目，这四个总投资约 13.44 亿元的项目，涵盖了教育、文化、环境、保障住房等多个民生领域，旨在向市场释放预期，吸引有实力的代建单位参与代建。在"新代建制"模式下，建工部门和行业主管部门等政府部门均可以作为代建项目委托单位，直接面向市场发起选择社会代建单位。委托单位赋予代建单位全过程代建主体地位，代建单位履行从项目立项到竣工验收全过程代建，以及项目保修期内组织保修的职能[①]。

（一）皇岗中学拆建教学综合楼工程

教育作为深圳发展的短板，一直以来都是深圳市和各区政府的工作重点之一，福田由于土地有限，为"学位难"问题更是绞尽脑汁。皇岗中学拆建教学综合楼工程便是近期福田一个对教育的重要投资项目。由于皇岗中学位于中心城区，又是广东省一级学校，发展很快，福田区委区政府计划对皇岗中学进行彻底的改扩建，希望未来将其建成具有标杆意义的学校。

但传统的学校建设模式环节复杂，学校建设进度缓慢，不能及时满足飞速增长的学位需求，不仅如此，学校建设项目的预决算审计更是混乱。例如以前福田区皇岗中学自己作为项目建设单位购置综合楼设备，该项目早在 2007 年就已经竣工验收，却在 2014 年才送审项目竣工决算，超出规定整整七年的时间。而目前宝安区、坪山区及龙华区都有通过代建制模式成功提高了学校建设质量和速度的范例，因此本次福田区的代建制改革更是大胆地将皇岗中学拆建教学综合楼工程作为福田政府投资项目面向市场选择代建单位，由代建单位承担整个项目的设计、勘察、施工、建安、装饰等全过程全链条建设任务。区政府将通过合同关系约束整个项目的资金总额、建设进度和建设质量。政府单位改变以往的"自家人马办自家事"的做法，从项目建设参与者评价者变为制度设计者和目标监管者。

该项目由福田区教育局作为委托单位发起项目招标，并聘请深圳市友和保险经纪有限公司作为招标代理机构，2017 年 11 月 16 日发布该项目

---

① 南方日报：福田区率先启动代建制改革，为政府投资建设项目松绑、增速、提效 http://epaper.southcn.com/nfdaily/html/2019-01/30/content_7779118.htm

的招标部分估价为1452万元，目前已确定万科企业股份有限公司为中标人。相比2004年，皇岗中学同样是教学综合楼扩建施工总承包项目的招标，以福田区建筑工务局作为建设单位历经半年多的时间才完成招标，实行"新代建制"的皇岗中学项目在招标期上实现了效率的提升。目前，该项目已全面启动设计方案，前期服务单位的招标工作也已启动，正准备启动环评报告编制等工作[①]。

（二）福田区群众文化中心（侨香文化馆）建设工程

作为一项满足福田区群众文化活动需求的重要民生工程，福田区群众文化中心建设同样被挑选为福田"新代建制"改革的先行项目，该项目建设单位为深圳市福田区文化体育发展中心，选择了深圳市友和保险经纪有限公司作为招标代理机构，于2017年10月16号发布招标公告，此次招标部分估价为980万元，最后在2017年10月17日确认业界中较有口碑的华润置地有限公司为最终中标人[②]。代建单位华润置地的项目负责人在谈到对"新代建制"的感觉时表示："实施新型代建制，整个过程各环节相互衔接，少了扯皮和拖拉，该项目工期尤其是前期工作时限将大幅缩减。"

（三）香梅片区内涝整治工程

在福田区实施"新代建制"改革之前，香梅片区内涝整治工程是典型的由于工程设计、施工和监理等各个项目分散招标而导致工期一拖再拖的政府工程。该工程于2015年10月19日提出报建，首先由深圳市福田区环境保护和水务局发布工程设计的招标公告，当时工程设计的招标估价为147.072万元（包括方案设计，初步设计、施工图设计及后续施工配合服务和协助施工单位绘制竣工图等内容），其中评定标方式为抽签定标和直接定标，并于2015年11月12日确定邀请中工武大研究设计有限公司、深圳市广汇源水利勘测设计有限公司及中山市水利电勘测设计咨询有限公司三家单位参与投标。在确定工程设计以后，区环境保护和水务局对该项

---

① 数据来源：深圳市公共资源交易平台 http://www.sz.gov.cn/ggzyjypt/jyxx/gzjsztb/zbgg/
② 数据来源：深圳市公共资源交易平台 http://www.sz.gov.cn/ggzyjypt/jyxx/gzjsztb/zbgg/

目的环境影响报告表进行审核,并于2016年1月8日公布了同意该工程开展的批复意见。尽管2016年6月深圳晚报报道称香梅路片区内涝整治工程项目计划将在2017年年底前完工,但由于工程需要优化设计、施工和监理单位需要进一步招标等问题,该项目最终并未如期完成目标。

福田区宣布实施"新代建制"以后,此工程被列为代建制改革的首发试点项目(由于"新代建制"主要采取全过程代建,因此该工程剩余的项目招标将不再分散进行),深圳市建衡达工程造价咨询有限公司作为该项目的招标代理机构,同时负责工程造价咨询、施工和监理三项招标,其中工程施工从发布招标公告到中标公示(12月7日——19日)只用了13天时间,由深圳市交运工程集团有限公司以4920.8016万元(计划总投资6704.5万元)的报价投得,计划于2017年11月28日开工并将于2018年5月27日竣工①。

虽然该工程目前并没有完全竣工,但单从工程的工程招标效率和招标与项目开工之间的时间差来看,新的代建制明显在改进传统民生工程工期拖沓这方面很具优势。

(四)福田区宝能城市公馆配建安居型商品房装修工程

由于土地资源的匮乏,福田的新盘供应一直寥寥无几,保障性住房更是稀缺,因此本次宝能城市公馆配建安居型商品房装修工程是一个政府完善保障性住房供应的重要民生项目。宝能公馆是建业小区北区的城市更新单元,建业小区是20世纪80年代的海砂楼,由深圳建业工程集团建设,2010年经申报成功列入旧改计划,2014年转入宝能名下,随后更新项目正式动工。宝能城市公馆位于福田区农林路与建业三街交汇处,属于福田区香蜜湖街道范围,公馆分三期开发,第一期就有政府回购的572套包括两房两厅等户型的安居房,预计将于2017年年底实现交楼。

因此,该项目由福田区住房和建设局在2017年6月28日就进行工程代建招标,计划总投资5534万元用于对向宝能城市公馆回购的572套共

---

① 深圳晚报:深圳市福田香梅路片区内涝整治明年完工 http://sz.people.com.cn/n2/2016/0613/c202846-28495747.html

计3.96万平方米建筑面积的安居型商品房进行装修。该项目于2017年7月28日以86.408万元的价格由深圳市美芝装饰设计工程股份有限公司中标[①]。于2017年9月7日美芝作为代建单位又将施工和监理部分以招标的形式分别交给了深圳三森装饰集团股份有限公司和深圳市昊源建设监理有限公司。值得一提的是，无论是福田住建局还是美芝公司，都选择了招标代理机构进行公开招标。虽然过程看似复杂，牵涉的部门和企业众多，但从项目开始到各项招标完成仅用了近四个月的时间。最终该工程计划在2017年9月30日开工并于2018年1月27日完工[②]。

四、改革评价

（一）代建制呈现新特点

1. 配套机制趋于完善

除了作为核心的一套代建制管理办法，福田政府还出台了包括IDI保险实施细则、预选库管理实施细则、预选库使用指引、代建方案模板、代建管理费总额控制数费率计提办法、代建项目招投标与合同指南、代建项目资金监管账户操作指引在内共"2个细则5个指南"的相对完善的配套机制[③]。在福田区发展和改革局印发的《福田区政府投资代建项目招投标与合同指南》中，明确而详细地规定了委托人监督和批准等义务，以及代建人不得转包第三人、保护环境等义务和使用工程建设资金、银行等权利。这些都使得在代建全过程中的实际操作有章可循。

2. 风险防范意识觉醒

预选优质代建企业单位来降低风险，签订IDI保单来转移风险，建立保险单位预选库机制，优选具备良好资历和经验的保险公司将工程潜在缺陷保险即IDI保险引入到全过程代建中来，通过这样引入担保和保险等市

---

① 数据来源：深圳市公共资源交易平台 http://www.sz.gov.cn/ggzyjypt/jyxx/gzjsztb/zbgg/
② 福田政府在线：福田区代建制改革持续受关注 http://www.szft.gov.cn/bmxx/qfzhggj/gzdt/201804_t20180409_11669636.htm
③ 福田区发展和改革局：福田区代建制改革持续受关注 http://www.szft.gov.cn/bmxx/qfzhggj/gzdt/201804/t20180409_11669636.htm

场化的风险管控机制,代建责任的履行和维修责任的到位得到了良好的保障,而代建过程中的潜在风险也得到了有效转移。

3. 全过程与市场化融合

福田"新代建制"改革的目的在于将传统代建制的行政代理模式转为市场代理模式,"能让市场做的尽量全部交由市场",充分挖掘市场的代建潜力,通过代建的深度市场化,政府由项目建设参与者和评价者变为制度设计者和目标监管者。更为关键的是:"新代建制"本质上以合同治理为核心,改行政委托关系为合同关系,代建企业与委托单位双方的权利和义务都能得到明确的法律保障[①]。

市场化的代建项目实行全过程代建,包括投资咨询、勘察、设计、工程监理、招标代理、造价等,具备全过程咨询能力的代建单位可实行全过程管理总承包,而不完全具备这种能力的,可以以联合体形式实行全过程管理总承包。

全过程代建与市场化代建的融合使得代建项目得以一体化,避免了建工部门要进行多头管理的麻烦,将大大提高项目的审批、监管等环节的效率。

(二)"新代建制"之"新"

1. 预选库机制的建立

福田创新运用的预选库机制是指选取具备实力和良好信用的优质企业进入政府投资项目代建的预选库,主要有代建单位预选库和保险单位预选库两种,其中保险单位预选库是区发展改革局通过政府采购建立并管理,进入预选库的保险单位必须符合注册资本金达到50亿元,近三年偿付能力充足率不低于150%等条件[②]。但更为关键的还是代建单位预选库的建立和管理,它是由区建工局通过预选公开招标的方式对自愿申请入库的代建

---

① 网易新闻:福田政府投资项目代建制改革"出新招" http://news.163.com/17/0929/07/CVG02HGJ00018AOP.html

② 深圳特区报:福田"新代建制"预选制 为政府投资项目"双提升"保驾护航 http://sztqb.sznews.com/PC/content/201712/20/c261957.html

单位进行综合考核，从中优选出具备全过程工程咨询的单一全面体类或只具备部分工程咨询资质的单项体代建单位，然后由区住建局负责日常的监督管理，实行动态管理原则，预选库内代建单位的代建资格有效期为两年，违反规则的代建单位将被清除出库并列入黑名单。预选库建立后，委托单位可自行确定以直接委托、随机抽签或竞争性谈判的方式从中择优确定代建单位。

预选库的建立完成了第一阶段对代建单位的资质、信用的筛选，一方面提高了选择代建单位的水平和效率，另一方面也为选择更好的代建方案腾出了精力和时间。

设立代建单位优质预选库提升了代建整体水平。某房地产公司负责人表示，今年他们公司通过代建制模式投标承建了福田区10个民生建设项目，投资金额超过32亿元。如果是以前，该公司公司作为房地产行业的大品牌也必须要和一些小包工头公司一起投标抢项目，而按照单一低价中标的办法，他们这样的优质公司的管理优势和资本优势无法彰显甚至遭到逆淘汰。正是福田区新型代建制设立的优质开发商预选库，让行业内信誉良好的公司得以入选。

预选库机制并不排斥代建公开招标，而且不仅有严格的准入条件、过程管理，还有退出机制。

2. IDI保险的引入

工程潜在缺陷保险即IDI保险是指对在正常使用条件下因设计、施工等原因造成的工程质量潜在缺陷导致代建工程出现结构性损坏和渗漏等问题，履行维修或赔偿责任的保险。这种保险采用的是市场化运作的机制，代建项目建议书批复后，委托单位通过密封报价的竞价方式在保险单位预选库中选择报价最低的保险公司作为代建项目IDI保险的承包人，IDI保单出具后，保险公司聘请专业工程质量安全风险管理机构，即TIS机构对代建项目工程进行质量风险监督、检查和评估，并在缺陷责任期满后进入保单赔偿期，对代建工程出现的问题进行维修理赔等[1]。

---

[1] 深圳特区报：福田"新代建制"全国领先引入商业保险 http://sztqb.sznews.com/PC/content/2017 12/29/c270394.html

IDI保险在国内保险业属于全新领域的尝试，福田区本次代建制改革不仅将其引入到政府投资项目代建全过程，而且还率先将桥梁高架桥、明挖隧道等市政工程项目纳入保险范围，并对保险理赔流程进行了大幅度优化。保险单位预选库公开招标后，国内几家知名的保险公司均入选福田代建制IDI保险预选供应商库，为实行"新代建制"以来的一批投资建设项目保驾护航。以IDI保险第一个项目——福田中学改扩建工程为例，保险公司主要负责其完工两年后十年内的主体结构质量保修和三年防水工程保修，从而有效保证了工程项目的质量。将IDI保险引入到代建过程中，实际上是在委托单位和代建单位之间引入了完全市场化运作的第三方，不仅增加了工程的风险防控水平，而且提高了对工程建设的专业化监督程度，从而有效避免了因监督不当或者运作不当而导致的工程缺陷。

3. GMP激励机制的实行

政府集中代建模式下，建工部门作为政府部门，人员按级别或职称领取报酬，跟业绩几乎无关，激励手段不足。福田"新代建制"创新引入国际通行的"保证最大工程费用（GMP）"激励制度，对代建单位设置科学的奖惩机制，保障政府投资代建项目高标准高质量完成。

据悉，GMP激励制度以项目总概算为限额，如果工程决算未超出GMP、按时完成代建任务且工程质量优良等，代建单位依据GMP协议获得奖励金。对于建设地点分散、点多面广、使用新技术新工艺等管理成本较大的项目，适当提高代建费率，给予代建单位合理回报。如果决算较总概算节余较多，还可申请额外奖励[①]。

惩罚方面，工程决算超出GMP的超额部分全部由代建单位承担。倒逼代建单位加强成本管控，切实提升前期工作质量，避免方案设计缺陷漏项，并积极管控施工单位频繁设计和现场变更等不必要增加投资的行为。

某工程建设项目的总负责人对此表示："此举解决代建企业激励不足的问题，在给予代建企业充足利润的同时大大提高了他们的积极性，此外，还能有效管控总投资，强化成本约束，避免因设计深度不够或行政干

---

① 曾坚朋：政府投资代建项目的"福田模式" http://www.cssn.cn/dzyx/dzyx_llsj/201708/t20170802_3598909_1.shtml

预导致的设计频繁变更。"

（三）改革仍在路上

福田区从行政化代建到市场化代建，是改革的一大跨越，通过明确市场化代建主体身份，政府由管理者转为监督者角色，有利于代建过程的规范化和秩序化。而以上几个实例也证明"新代建制"的实施大大提高了工程招标、项目管理等方面的效率，代建项目工期更可控，市场的活力正在被释放出来。

但"新的代建制"仍然存在许多可以进一步完善的地方，例如前面提及的建工部门诸多机构之间的沟通和协调程度还有待提升，以提高代建项目的进展效率；代建项目的前期管理可以更加严格，尤其要反复做好项目及其设计方案的可行性研究，有必要通过建立并完善顾问制度，聘请专业的工程顾问公司加入到工程管理过程中，以提高代建项目的管理水平等。

思考题

（1）相较于政府投资工程的传统管理模式，代建制有哪些优点？

（2）福田区政府为何大力推动政府投资项目管理的改革？

（3）在政府进行公益性投资的过程中，市场可以发挥哪些作用？

（4）行政代理的弊端是什么？

（5）哪些公共管理理论可以用来解释公共投资过程中政府与市场的分工？

（6）你认为还可以从哪些方面促进代建制的进一步完善？

（7）你认为政府在投资建设过程中应该扮演怎么样的角色？

政府津贴对民办教师待遇改善的政策锚定分析
——深圳市福田区 F 学校的案例

王燕华

（深圳大学管理学院）

摘要： 本案例研究聚焦深圳市福田区一所具有 17 年历史的民办学校——F 学校，该校现有全部在职教师都享受政府津贴，政府津贴补贴率为 100%。通过对深圳市民办教师收入和待遇总体情况的分析，逐项解读政府津贴的政策目标和内容。以 F 学校为调研对象，调查深圳市政府和福田区区政府给民办学校教师发放的三项津贴补助（"长期从教津贴""继续教育津贴""奖教奖学津贴"）。从该校教师的影响及反馈情况，对政府津贴扶持情况进行实地调研，分别从政府、学校、教师及社会认知等视角，探析政府对民办教师待遇补贴政策的目标达成情况，了解政策实施后民办教师的待遇改善状况。

本案例通过对 F 学校的个案调查，聚焦政策目标的锚定问题，分析公共政策对实际问题解决的精准程度，对政府检测政策效果以及今后出台相关政策具有参考价值。

关键词： 政府津贴；民办教师；政策锚定

民办教育是公办教育的有益补充，尤其在经济发达地区和现代化城市，民办教育规模不断扩大，民办学校教师数量呈不断上升趋势，该现象已引起社会广泛关注。新时期民办学校教师队伍建设与民办教育的整体发展息息相关，而民办教师与公办教师的地位及待遇差距问题长期普遍存在，成为阻碍民办教育发展的重要因素。普及民办教育，需要在全国范围内重视民办教师队伍的建设和管理，改善民办学校教师的工作条件、工作待遇等实际问题，吸引更多优质教师资源到民办学校任教。尤其在经济发达地区，社会对民办学校的需求较大，政府进行针对性、指导性的政策试点，以政府津贴等形式提供相应的政策倾斜和资金支持，对于改变目前公办、民办教师待遇差距，推进民办教育健康发展具有重要的现实意义。

一、案例背景

（一）快速发展和逐步规范化的中国民办教育

自20世纪中后期开始，遍布中国各基层的民办教师担负着中国农村扫盲教育的主要任务，他们不仅撑起了中国农村基础教育的半边天，同时在农村社会精神文明建设和物质文明建设中也发挥着重大作用。但是，不论在农村还是城市，民办教师的待遇问题一直在中国社会长期存在，他们的奉献与回报之间的极度不对等现象将危及社会公平与社会和谐。这种背景下，党和国家采取了一系列积极措施，逐步改善民办教师的待遇问题。1992年，国家教委、国家计委联合国家人事部、财政部发出《关于进一步完善和加强民办教师工作若干问题的意见》，指出民办教师是我国特定历史条件下形成的中小学教师队伍的重要组成部分，同时确立了民办教师工作总的指导思想，即"改善待遇，加强管理，统筹解决民办教师问题"，明确提出要进一步提高民办教师的地位和待遇，实现民办教师与公办教师同工同酬。

改革开放以来，随着社会经济不断发展，城乡、地区、居民之间收入差距逐渐拉大，在一部分先富起来的城市和地区，对民办教育的发展提出了更高的要求。一些迅速崛起的城市由于外来人口数量巨大，民办学校如雨后春笋般出现，民办教师不再仅限于为农村基础教育服务，而是更多的工作和活跃在大都市和经济快速发展的城市，他们与以往的农村民办教师的性质大不相同，其待遇问题也有了新的内涵。因此，政府对于城市民办教育和民办教师的政策也应该赋予新的内容。随着《中华人民共和国民办教育促进法》的出台，民办教育发展迈入了一个崭新时代，国家从战略高度规划民办教育发展。

"十一五"教育规划的制定，特别强调要重视教育资源的合理配置，积极落实促进民办教育发展的各项政策措施，寻求发展民办教育的不同途径。到2008年，全面鼓励和规范社会力量兴办教育，依法落实扶持民办教育发展的各项政策措施，逐渐拓展出符合民办教育特点的财务、资产管理制度，规范了民办学校的管理。"十二五"教育规划强调"科教兴国，人才强国"的战略方针，随后制定出台了《关于进一步促进民办教育发展的若干意见》，深入推进办学体制改革，研究制定支持民办教育发展的政策措施，创新民办教育发展体制机制。2012年，教育部大力支持民办教育走上依法管理的道路，召开民办教育工作会议，清理并纠正对民办学校的各类歧视性政策，引导民间资金兴办教育。同时，健全民办学校内部治理结构，保障校长依法行使职权，完善民办学校自律和社会监督机制，规范办学行为，切实落实法人财产权，保障教师和学生的合法权益。2014年，教育部进一步鼓励社会力量兴办教育，在民办学校分类管理，健全政府补贴、基金奖励、捐资激励等制度上层层推进，借此构建差异化扶持政策，推进和完善民办学校法人治理结构，建设一批高水平、有特色的民办学校。国家"十三五"教育规划明确指出，支持和规范民办教育发展，推进民办教育分类改革，研究制定民办学校分类登记实施细则、营利性民办学校监督管理实施细则等，有序实施民办学校分类管理。2017年教育部工作要求加快办学体制改革，落实新修订的《民办教育促进法》《国务院关于鼓励社会力量兴办教育促进民办教育健康发展的若干意见》以及配套文件《民办学校分类登记实施细则》《营利性民办学校监督管理实施细则》，修订《民办教育促进法实施条例》，推动各地出台促进民办教育发展的制度文件。

（二）深圳市改善民办教师待遇的政策措施

从深圳教育局2015年披露的数据显示，深圳市各级各类学校（含幼儿园）有2196所，比2014年增加102所，增长4.87%。其中：公办学校（园）仅为525所，比2014年增加18所，增长3.55%；民办学校（园）

1671 所，比 2014 年增加 84 所，增长 5.29%。目前深圳 2196 所学校中，各级各类民办学校比例占据了 76%，因此无论从学校数量还是增幅看，民办学校都是深圳市教育发展不可忽略的重要内容。而根据教育部公告披露的信息，民办教育在全国的比例仅仅为 33%，要远远小于深圳 76% 的水平。正因为民办教育的比重大，在不断深化教育体制机制改革的进程中，深圳市政府一直对民办教育给予特别关注和政策支持，尤其对民办教师群体给予了重点扶持。

2012 年，根据《深圳市民办中小学教师长期从教津贴实施办法（试行）》的规定，满足以下 4 个条件的教师可以享受从教津贴：①在深圳民办中小学连续任教 3 年以上，且在现工作学校连续任教满一个学期以上；②具有相应的教师资格证；③在连续任教期间已参加过社会保险；④近 3 年年度考核"称职"以上的专任教师[①]。满足享受津贴条件的民办中小学教师，从第 4 年开始发放从教津贴，发放标准为：第 4 年起，每人每月 300 元，之后按照每满 1 年，每人每月增加 100 元，年限累计 10 年后，每人每月可拿到 1000 元，至此不再增加。从教津贴每年按 12 个月计发，每次发放按照 6 个月即 1 学期计算。教师的从教时间计算至教育行政部门制定的中小学校历学期结束时间，学期结束前离职的教师不予发放。

从 2013 年起，深圳市政府开始扩大范围对民办教师实行津贴补助，即根据在民办学校工作年限进行补助，教龄 1-10 年以上的教师，每月补助 500-1000 元，这一措施让相当一部分教师受惠，民办教师的从教积极性大为提高。根据深圳市教育局的官网数据披露，在民办学校实施教师长期从教津贴政策后，全市获得民办教师长期从教津贴的人数共有 13752 人，占民办学校专任教师总数的 68.6%，长期从教津贴政策实施两个学期，财政共投入 1.24 亿元。此项政策实施前，深圳民办教师月平均工资仅 3000 元。此项政策实施后，深圳民办学校教师月平均工资已提高至 3750 元，平均每人每月增加 750 元。从另一方面看，从教津贴政策一定程度上鼓励和引导了民办学校举办者在提高教师工资待遇方面进行更多改进。

---

① 《深圳市民办中小学教师长期从教津贴实施办法（试行）》

深圳市教育局一直致力于教育体制综合改革，不断增加财政经费对教育的投入。在实行民办教师长期从业津贴的政策之后，民办教师的流动率大大降低。2014年深圳市出台《深圳市民办中小学校教师继续教育实施办法》，在全国首创由财政支持民办学校专任教师全员免费培训。同时，学校对教师学历达标、专业对口以及年度考核制度方面的要求也更加严格，这无疑增强了民办教师的稳定性，对民办学校的健康发展发挥着重要作用。

2015年深圳市福田区出台《福田区民办学校发展专项资金管理办法》，对民办学校在政策上予以倾斜、资金上予以扶持，并以"对等投入"项目的方式促进民办学校向个性化、特色化、国际化发展，满足辖区居民对高端民办教育的需求。2016年，根据《民办教育促进法》及《福田区促进和扶持民办学校高端发展行动计划》，政府对民办学校在政策上予以倾斜、资金上予以扶持，不断提高民办学校教师工资，民办学校教师补助达1450万元，根据区"十一个行动计划—扶持高端民办发展"项目的文件，提高教师工资，确保福利待遇。对从教满1-4年的专任教师，具备大专以上学历，有教师资格证，继续教育学时达标，每月给予500元奖学津贴。对在学校工作满一年的专任教师和校长，具备大专以上学历、有教师资格证（校长有校长资格上岗证），继续教育学时达标，年度考核称职（含）以上，就给予教师奖教奖金3000元、校长奖教奖金6000元，并设置15%的优秀指标。总体而言，随着民办教育的蓬勃发展，民办教师数量不断增长，深圳市政府充分认识到民办学校教师的重要地位和作用，多年来对民办中小学教师予以了各种形式的财政扶持和政府津贴补助，对稳定民办教师队伍、推进民办教育发展起到了明显的积极作用。

二、案例描述

（一）深圳市福田区F学校概况

F学校是深圳市福田区一所民办学校，主管单位是福田区教育局，是区一级的民办学校。F学校兴办于2002年，已有17年历史，截至2017年已有民办教师83人，它是伴随着深圳市民办教育兴起和发展的浪潮，从无到有逐渐成长起来的一所年轻的民办学校。在2015年深圳237所民办中小学排名中，F学校排名第69位，属于排名前1/3的学校。F学校的现有全部在职教师均享受政府津贴，政府津贴扶持率为100%。但也出现过享受政府津贴扶助的教师考入公办学校和离职等现象，这为本案例研究民办教师政府津贴扶助效果提供了最直接的样本。另外，它从一所无等级学校成长为区一级学校，经历了各项政策的洗礼和规范，目前正在为进入市一级学校的路上努力前行。F学校符合深圳市各项政策覆盖的范围，属于正式的民办学校机构，因而反映的情况和问题具有典型性和代表性。

（二）F学校民办教师政府津贴发放种类

深圳市自2012年开始陆续出台了3种类型的民办教师政府津贴补助政策，即2012年出台的《深圳市民办中小学教师长期从教津贴实施办法（试行）》，简称长期从教津贴；2014年出台的《深圳市民办中小学教师继续教育实施方法》，简称继续教育津贴；2015年各级政府相继制定出台的《促进和扶持民办学校高端发展行动计划》和《民办中小学教师奖教奖学实施方案》等。本案例将根据这3种类型的政府津贴在F学校的发放情况，调查分析民办教师政府津贴扶助政策的实施效果和反馈情况，力图发现政策的有效性及其存在的局限性，以对未来政府决策和新的政策制定提供参考。

1. 长期从教津贴

从2012年开始，深圳在全国率先实施民办中小学教师长期从教津贴政策，依据教师在深圳民办中小学连续从教年限，每人每月发放300-1000元的长期从教津贴，具体由各区负责发放。根据《深圳市民办中小学教师长期从教津贴实施办法（试行）》的内容，我们整理出如下具体内容：

表1 2012年深圳市民办中小学教师长期从教津贴实施办法（试行）主要内容

申请内容	民办中小学教师长期从教津贴发放
申请人	依法设立的民办学校
申请条件	（1）在深圳市民办中小学连续任教3年以上（龙华区：任教1年以上）其中在现任学校连续任教满1个学期以上 （2）具有相应的学历证书、教师资格证 （3）在深圳市民办中小学连续任教期间已参加社会保险 （4）近3年年度考核"称职"以上

续表

申请内容	民办中小学教师长期从教津贴发放
津贴发放目标	（1）提升民办中小学教师队伍素质 （2）留住优秀人才，稳定教师队伍 （3）提高民办中小学教师工资福利水平 （4）鼓励优秀教师长期从教
津贴发放程序	学校初审、公示至少5天→区教育行政部门审核→确定初步名单，公示至少5天→区财政部门在20天内拨经费→学校→教师
津贴标准	（2012–2016年）满3年每人每月300元，之后每满1年增加100元，最多计算10年，10年以上按10年计发
	（2017–2022年）满3年每人每月450元，之后每满1年增加150元，最多计算10年，10年以上按10年计发
发放次数	每学年发放一次，每次发放12个月
监管单位	各区教育行政部门
完善体系	（1）建立、健全民办中小学教师信息管理系统，加强对民办中小学教师的管理 （2）把教师队伍的建设纳入年检，鼓励和督促提高民办中小学教师工资福利待遇
参考法规	《深圳市民办教育发展专项基金管理办法》 《深圳市民办学校义务教育阶段学位补贴试行办法》 《深圳市民办教育发展专项资金奖励和资助项目实施细则》 《深圳市民办中小学教师长期从教津贴实施办法（试行）》

按照这一办法的规定，F学校凡满足：在深圳市民办中小学连续任教3年以上（龙华区：任教1年以上），其中在现任本校连续任满1个学期以上，具有相应的学历证书、教师资格证，在连续任教期间已参加社会保险，近3年年度考核"称职"这4个条件的教师，均可以申请民办中小学教师长期从教津贴。根据《深圳市民办教育发展专项资金管理办法》的有关规定，F学校对本校教师资格进行了初审，对初审通过的教师名单在校内公示5天，经公示无异议，再将相关材料上报区教育行政部门审核；区教育行政部门审核完毕，在区教育门户网站公示至少5天，经公示无异议的，报区财政部门拨付经费；区财政部门在收到区行政部门提供的申请人名单和发放标准后，在20个工作日内，福田区财政部门按程序拨经费到F学校，再由学校发放到个人。

津贴的发放数额及发放方式是，达到申请条件的申请人，每人每月

300元津贴扶持,按照12个月计发,每学年发放一次,每次发放12个月。之后每满1年,每人每月增加100元,最高增至1000元将不再增加。这就是说,工作满3年的教师,每人每年可一次性得到津贴3600元,工作满4年的教师,每人每年可一次性得到津贴4800元。以此类推,工作满10年的教师,每人每年可一次性拿到12000元津贴。工作10年以上的,这个标准维持不变[①]。

自2017年9月1日起,按照深教2017年最新规定,从教津贴的标准将每人每月提高20%。即:满3年每人每月450元,以后每满1年增加150元,最多累计10年,10年以上按照10年计发。此规定有效期至2022年6月30日止。可以看出,这个政策以5年为一个周期,逐步改进和调整。

表2 新旧长期从教津贴发放标准对比

从教年限	0–2年	满3年	第4年	第5年	第6年	第7年	第8年	第9年	10年之后
(旧)每月津贴		300元	400元	500元	600元	700元	800元	900元	1000元
(新)每月津贴		450元	600元	750元	900元	1050元	1200元	1350元	1500元

注:根据《深圳市民办中小学教师长期从教津贴实施办法(试行)》(深教〔2012〕426号)整理

通过比较可以看出,现行的长期从教津贴发放标准为每个月450元,相较于2016年之前的每个月300元,的确增加了50%,以后每年的增加额也由100元增加至150元,提高50%,教师享受津贴补助的额度以逐年递增的方式不断上涨。

2. 继续教育津贴

深圳市教育局2014年出台了《深圳市民办中小学教师继续教育实施方法》,在全国首创了民办教师继续教育津贴。它由财政统一拨款,全面支持民办学校专任教师的全员免费培训。这是对教师长期从教津贴政策的持续深化和补充,是一项稳定教师队伍、提高教学质量的政府扶持行动,具体内容如下:

---

① 《深圳市民办教育发展专项资金管理办法》

表3 深圳市民办中小学教师继续教育实施方法

申请内容	继续教育津贴发放
申请人	依法设立的民办学校教师
申请条件	（1）教师资格证5年注册期 （2）5年周期学时达到不少于350学时且成绩合格 （3）继续教育每年不低于60课时（区级培训不少于40学时，校本培训不少于20学时），新任非师范类教师在第一学年不少于120课时，且课时达标
津贴发放目标	（1）提高教师专业素养和科研水平 （2）提高职业道德，完善知识结构
津贴发放程序	参加区级和提高学历培训的，学费由个人和任职单位共同承担；参加学历培训的报销程序，主管部门审批，教师培训中心备案，取得毕业证书后申请报销学费
监管单位	福田区教育主管部门，教师培训中心
参考法规	《关于加强福田区中小学校本培训管理意见》 《广东省中小学继续教育规定》 《深圳市中小学教师进修暂行规定》
领取要求	与其他各项津贴挂钩
培训形式	集中培训，网络教育培训，校本课程培训相结合
培训时间	业余时间，双休日，晚上和寒暑假

F学校对持有教师资格证并且具有5年注册、在民办学校有教师职务、5年周期学时达到不少于350学时且成绩合格的教师，给予继续教育课时培训费补助。这项补助以课时培训费的方式给予补贴，不计入工资项。课时培训是由学校或教师本人先行垫付，考核合格后，区教育局予以统一补贴。此外，继续教育津贴是与其他津贴挂钩的，它决定了教师是否具备领取长期从教津贴和奖教奖学津贴的资格。同时，继续教育津贴在一定程度上加强了教师们的政治思想教育，提高了教师职业道德素养，完善了教师的知识结构，对提高教学能力和教育科研能力都有积极作用。

3. 奖教奖学津贴

为促进民办学校优质、特色发展，各区教育行政部门纷纷出台了一系列规范管理和奖励扶持政策法规文件。福田区于2015年先后制定了《促进和扶持民办学校高端发展行动计划》和《民办中小学教师奖教奖学实施方案》等，对民办学校推出一系列的奖教奖学措施，不断推进民办学校向个性化、特色化和国际化高端发展。根据以上文件内容，整理表格如下：

表4 民办中小学教师奖教奖学实施方案

申请内容	民办中小学教师奖教津贴发放	民办中小学教师奖学津贴发放
申请人	依法设立的民办学校	
申请条件	（1）在民办学校工作满1年的专任教师和校长 （2）具备大专以上学历、有教师资格证 （3）继续教育课时达标	
津贴发放目标	（1）提升民办中小学教师队伍素质 （2）留住优秀人才，稳定教师队伍 （3）提高教师工资，确保福利待遇	
津贴发放程序	学校评选→区教育行政部门审核，确定名单，公示→区财政部门拨经费→学校→教师	
津贴标准	教师：每人每月300元 校长：每人每月600元	每人每月500元
发放次数	每学年发放一次，每次发放12个月	
监管单位	各区教育行政部门	
参考法规	《促进和扶持民办学校高端发展行动计划》 《民办中小学教师奖教奖学实施方案》	
领取要求	奖教奖学津贴和长期从教津贴不同时领取	

F学校对从教满1-4年的专任教师，具备大专以上学历，有教师资格证，继续教育学时达标，每月给予500元奖学津贴；对在F学校工作满1年的专任教师和校长，具备大专以上学历、有教师资格证（校长有校长资格上岗证），继续教育学时达标，年度考核称职（含）以上，给予教师奖教奖金3600元、校长奖教奖金7200元，并设置15%的优秀指标。凡优秀者，奖金上浮30%。这一津贴的发放，一定程度上弥补了长期从教津贴的空白。领取长期从教津贴的教师，必须满足在民办学校工作3年的要求，这对工作年限在1-4年的教师来说，大部分是领取不到长期从教津贴的，同时，继续教育的津贴并不计入工资项，这就造成很大一部分教师无法在工资上享受任何实质性的津贴，但现在至少可以领取奖学奖教津贴。因此，奖教奖学津贴的优势是全面覆盖民办教师，这使得新教师有机会享受更多的政策优惠，这在一定程度上提高了教师的就业稳定度。

综上所述，这3种津贴的联合实施就是要进一步提升深圳市民办中小学教师队伍素质，留住优秀人才，稳定教师队伍，鼓励优秀教师在深圳市民办中小学长期从教。

（三）F学校民办教师政府津贴发放结果

作为深圳市规范化学校、福田区区一级民办学校——F学校是符合政府津贴发放要求的学校。2013年享受政府3项津贴扶持的民办教师人数为39人，2014年57人，2015年58人。2015年颁布了《民办教师奖学奖教津贴实施办法》，到2016年，享受政府3项津贴扶持的民办教师人数达到74人，2017年达78人。F学校自2002年建校至2012年，已有10个年头，在此之前，未有津贴发放，这是教师们第一次享受政府津贴扶持。

表5．F学校2012-2016年领取津贴情况

年度 人数	2013	2014	2015	2016	2017
教师总人数	63	73	74	78	83
享受津贴人数	39（占62%）	57（占78%）	58（占78.4%）	74（占95%）	78（占94%）
未符合津贴人数	24	16	16	4	5

由上表可以看出：

1. 每年新增享受补贴教师名额随着政策的调整一直保持稳定增长，这说明在F学校从教的教师稳定性比较强，而且有相当一部分教师，在未实施政府津贴扶持前，已经在该校工作了较长时间。

2. 从教3-10年的教师比例占多数，这一点从2013-2015年的数据中得到体现。2015年政策放宽后，教师从教1年即可享受不同程度的津贴，享受津贴的教师比率呈明显上升趋势。

3. 2014年之后，从教年限3-10年以上的教师比刚入职的教师多，这些教师在学校从业年限比较久，是F学校最稳定的教师队伍。

4. 每年都有未领取津贴的教师，这说明每一年都有新的教师涌入该校，他们在整个学校的教师队伍中占据相当大的比例。也就是说，这部分人的稳定与否，对整个学校的师资稳定性具有极大影响。到2015年，这

部分教师开始得到政府津贴扶持。

5. 学校存在一定比例的外籍教师，这一类教师，工资相对较高，他们不享受任何津贴。

三、案例分析

（一）政府津贴对F学校民办教师的影响

为进一步了解3种政府津贴对F学校教师收入、工作、就业等方面的影响，我们对F学校教师进行了问卷调查。

1. 政府津贴对教师工作、收入、学科知识的影响

首先，有83.13%的教师认为政府津贴提高了教师工作积极性，10.84%的被调查者表示对此描述说不准，而全面否定奖教津贴对教师工作积极性有所提高的占比为0，说明政府津贴确实提高了教师的工作积极性。其次，有74.69%的教师认为政府津贴提高了教师工作稳定性，但仍有18.07%的被调查者认为长期从教津贴对教师职业稳定性提高的效果不太确定，也就是说他们不能清晰地感受到这项津贴对自己的职业稳定性的提高是否具备效力。再次，60.23%的教师认为政府津贴提高了教师收入水平。此外，有73.49%的被调查者认为继续教育津贴对自己的所授学科是有帮助的，而且表示喜欢继续教育课程的被调查者占72.29%；89.16%的被调查者感受到继续教育津贴的发放是对民办学校教师的重视。

现行的政府津贴实施办法是秉承提高教师工作积极性和稳定性，提高教师工资水平和职业素养，提升教师专业水平，以及重视民办学校教师群体等目标。调查结果表明，这3种津贴政策在整体上基本实现了预期目标，但也存在一些问题。

2. 政府津贴的教师满意度

为了获取F学校教师对3种政府津贴的整体认知和感受，我们分别针对3种津贴的满意度进行问卷调查，再对3种津贴的综合满意度从整体上进行调查。统计结果显示：79.52%的被调查者对奖教津贴整体上感到满意和比较满意；对奖教津贴的发放标准感到满意的被调查者占79.52%；

60.24%的被调查者对继续教育津贴感到满意；对长期从教津贴发放标准的满意度是74.7%，对长期从教津贴的总体满意度是77.11%。在3种津贴总体满意度上，83.13%的被调查者，是感到满意和比较满意的。

表6　F学校教师对3种政府津贴的满意度

对奖教津贴的总体满意度	79.52%
对奖教津贴的发放标准的满意度	79.52%
对继续教育津贴的总体满意度	60.24%
对长期从教津贴的总体满意度	77.11%
对长期从教津贴发放标准的满意度	74.7%
对3种津贴的总体满意度	83.13%

3. 教师对继续教育津贴及其相关因素的看法

在走访教职员工时，我们注意到继续教育培训贯穿在教职员工的日常教学和生活中，而奖教津贴与优秀教师评比是息息相关的。因此，针对这两种津贴的形式和内容，我们在其合理性上，对调查选项细化为4个选项。

表7　F学校教师对继续教育津贴及相关因素的看法

认为继续教育课时量是合理的	31.25%
认为继续教育津贴和其他津贴挂钩是合理的	37.5%
认为继续教育课程是喜欢的课程	68.75%
认为优秀教师奖教津贴的人数比例是恰当的	37.5%

统计结果显示：31.25%的被调查者认为，继续教育课时量是合理的；37.5%的被调查者认为继续教育津贴和其他津贴挂钩是合理的；68.75%的被调查者认为继续教育课程是喜欢的课程；也有37.5%的被调查者认为优秀教师奖教津贴的人数比例是恰当的。说明继续教育津贴在具体课程安排上还存在问题，除了课程内容能满足大部分人的要求，在课时量、与其他津贴配套和优秀教师奖励等方面获得的支持率还不够高。

4. 教师对政府津贴的建议

为保证全面了解到被调查者对政府津贴的感受，我们设置了一项开放式问答题，以便获取被调查者对民办教师政府津贴的建议和意见。在83

份问卷中只有 15 位教师留下了建议。其中，4 位教师认为政府津贴应该逐年提高其标准；5 位教师认为政府津贴应该不限制工作年限；1 位表示政府津贴对他们来说感受不深；4 位提到了养老金的问题；还有 1 位，在建议栏填了"无"

（二）从 F 学校看民办教师政府津贴存在的问题

1. 政府津贴尚未全面提高民办教师收入水平

从 F 学校的教师构成看，超过 60% 的教师教龄是在 10 年或者 10 年以上。这一部分教师每年拿到的长期从教津贴是 10800 元，而且这项补贴在 2017 年还会有新的增长点。因此，相当一部分 4-10 年教龄的教师认为明显提高了收入水平。而那些入职 1-4 年的教师每年只能领取奖学津贴 6000 元，他们对于领取更高的津贴还是充满向往的。而在 2015 年前，那些还未达到工作 3 年要求的教师，是没有任何津贴发放的，确实也不符合他们的工资组成。F 学校刚刚入职的教师，工资一般在 3500 元以上，入职前 3 年享受奖教奖学津贴每月 500 元，月累计工资 4000 元以上。这样的工资水平比起公办学校临聘教师 6000 元左右的基本工资待遇是存在差距的。F 学校入职的有教学经验的教师，税前基本工资达到 5000 元左右，加上津贴，月累计工资在 5500 元左右。不仅基本工资就远远低于新入职的在编公办学校教师的水平待遇，而且存在住房补贴、公积金、绩效考核奖、八大节日费和计划生育奖等福利待遇的巨大差别。

从这个意义上讲，政府补贴并未能实现全面提高教师工资水平的目标，仅仅对于工作年限较长的教师来说，影响和改变比较显著。这也从另一方面说明，提高民办教师收入水平不仅需要政府津贴支持，所在学校教师基本工资和其他待遇的改善也很重要。

2. 政府津贴的政策目标定位不准

通过对 F 学校民办教师的调查发现，大部分教师对政府津贴的实施效果比较满意，但与公办教师待遇相比，民办教师在工资、津贴、社会保障等待遇方面依然差距明显，尤其在退休金、职称评定等方面，民办教师要求改善的呼声非常高，F 学校也有部分教师提到了退休后的问题。为了贯彻执行《教师法》，落实相关规定，全国各地普遍出台了教龄满 30 年教师退休金为本人工资的 100% 的规定，而这样的条例不包括民办学校的教师。民办学校教师退休工资按照社会养老保险制度走，拿到手的退休金，没有固定的标准，而且数目也只有两三千元。对于这类民办教师普遍关心的问题，政府的政策暂时还未涉及。

政府津贴投入在民办教育上的比例每年有所增长，提高了民办教师的工资待遇，但是与公立学校的教师比起来还是有天壤之别。民办学校教师工资基数低，政府一直不断加大投入，调整津贴项目，但还是无法追上公立学校教师的薪酬水平，这种落差还是明显存在着。因此，民办教师收入和待遇的差距究竟是政府津贴扶持力度不够，还是政府对民办教育行业整体考虑不周，也反映出政府津贴的政策目标定位是否合理的问题。

另外，公办学校的教师有职称工资，工资标准非常清晰，教师通过自己常年坚持的工作，就能知道自己现在可以拿多少工资，将来能拿多少涨幅工资。有了目标，就有了动力。而这一点在民办学校无法体现。同样都是履行教书育人的职责，同样都符合国家颁布的教师资格，而他们的待遇差距却如此之大，这是否有违社会公平的基本原则？民办学校没有这样的硬性标准，就不会按照教师们长年累月的贡献，制定具有固定增长率的工资制度；民办学校没有一个参考标准，就只能按照自己的投入产出比例，自行开出适量的工资。优秀的教师拿不到心理预期的工资，就势必会寻找其他出路，这就会给民办学校师资力量带来不稳定性。

3. 政府津贴政策缺少反馈机制

我们走访深圳市教育局和福田区教育局时，发现对于政府津贴扶持民办学校教师的效果测评是缺失的，尚未对津贴的效能进行量化核实，缺乏衡量这项政策目标是否有效的综合指标，因此政府无法得知各项津贴对教师产生的影响是正面还是负面，诸如多大程度上改善了民办教师的收入和待遇，政策存在什么偏差和遗漏，民办教师待遇问题的根源是否解决等问题，需要政策制定者进行调研并获得反馈信息。一味地投入，紧贴比例标准多少，却没有一个衡量的标准，就会失去投入的意义和无法实现效能的最大化。津贴的受益人群虽然是民办教师，但他们真正的需求才是主导津贴的动因所在。无视教师的需求，并以一种不容辩驳的态度，比较强势而显得不够人性化；民办教师是否有其他诉求，诉求能否在津贴范围内予以适当考虑和倾斜，显示出津贴的包容度和正能量，如果无法满足教师们的其他方面的诉求，仅仅依靠提高工资水准，津贴在持续度和生命力上的效果就会打折扣。

反馈机制的缺失意味着民办教师的感受没有得到重视，也就很难客观地反映民办教师对政府津贴的真实感受。任何一项政策不是与生俱来就完美，从政府方面考虑，政策的实施无疑是为教师们寻求福利和帮助，但是如果仅仅是单方面的扶持，就缺少了和教师们正面沟通的渠道，政策效果怎样，也无法正确判断。政府津贴有没有提高教师的工作积极性，对增强教师的工作稳定性能否有所帮助，是否达到既定目标，还需要做哪些完善，这些问题需要政策制定者提供一个良性循环的公共政策议题设定、决策制定、评估反馈的完整过程。

4. 民办教师工资尚未形成稳定统一的标准

中国民办学校由于其特殊的历史原因，在20世纪末才开始逐渐兴起，近些年来不断规范化并在各方面逐渐走上正轨。由于办学资金来源于个体或私有企业，在生源条件、办学硬件、主办者性质等方面都与公立学校有很大差异，由于办学资金不像公立学校那样具有保障，办学经费不足、办学效益不高等原因直接导致民办学校教师工资不高，而且不同的民办学校其教师工资也存在很大差异，跟公立学校教师的工资差距更加明显。虽然近些年来这样的差距在明显缩小，但同样资质的师资，甚至在一些办学硬件条件很好的民办学校，教师的收入差距依然很大，这不免导致民办教师群体的不满。

另外，民办学校的发展不能仅仅靠政府津贴的"输血功能"延续下去，民办教师收入水平的提高应该更多依赖于学校自身发展的"造血功能"。在不依附政府津贴的情况下，民办学校如何在扩大招生规模、规范办学制度、管理师资队伍、引进社会资源等方面突出自身的办学特色与优势，这应该是强化民办学校自身生存能力的重要内容，否则，民办学校永远不可能提高教师的工资待遇水平。如果不从自身"造血功能"上下功夫，民办教师就只能在政府津贴上做过多期待，而这种"政府供给"与"民办教师需求"之间的平衡是很难实现的。

5. 民办学校教师职称评定系统尚未全面打开

民办学校教师对于职称评定的需求，除了满足专业晋升需求，也体现了马斯洛需求层次理论中的尊重需求和自我实现需求。在专业上得到认可的教师，才能谈到尊重和自我实现。职称评定是教师获得权威性和满足自我实现的重要途径，评定职称的人有资格、有经验，获得职称证书的教师更容易被社会认可与接受，同时，受公办学校教师职称评定模式的影响，民办教师也同样具有评定职称的诉求。公办学校教师可以通过两种方式获得职称，一是具备职称评定条件的人可以直接评定职称，另一种是不具备职称评定条件的可通过参加全国统一考试获得职称，政府机关、国有企事业单位等均予认可。但是民办学校教师职称评定系统，目前还停留在初级职称评定上，其他层次的既没有全国统一考试，也没有职称评定的相关程序。民办教师想要申请更高级别的职称评定，苦于没有政策，找不到相关专家来做评定，政府政策暂未对相关申请程序给予说明和指导。民办教师职称评定系统没有完全打开，民办教师无法从职称获取相应的待遇，自己的社会认同感和社会地位受到影响，这对民办教师的职业归属感、工作积极性和职业稳定性都产生了消极影响。

思考题

1. 民办教育的性质和民办学校的社会职能是什么？
2. 政府津贴对民办教师待遇改善应发挥什么作用？
3. 比较民办学校教师与公办学校教师的收入和待遇之差距，解释为什么存在这样的差距，政府和办学者在政策和管理上应如何缩小这种差距？

信息技术如何助力城市基层治理转型
——基于广州社区网格化管理实践的分析

肖棣文

（深圳大学管理学院公共管理系）

摘要：信息技术既是现代政府推进公共治理的重要工具，又是重塑政府形态、影响治理过程的力量之一。本案例试图通过展示在网格化治理的实施和完善过程中信息技术与政治权力的互动关系，来讨论信息技术对中国城市基层社会治理转型的影响机制和政治意义。通过案例分析研究发现，地方政府在基层治理中对信息技术的工具化运用强化了政权对基层社会的控力、提升了政府的行政效率。同时，信息技术的"灵活性"和"自我强化性"对基层治理体系重构意义重大：一方面，它促进了政权的条块结构在基层整合，重新划定了基层治理单位，规范了信息传递方式；另一方面，它强化了社会公众对基层政权的社会服务依赖，对公众的政治参与方式带来巨大影响。本研究进一步丰富了我国在信息化时代如何进行治理调试的理解。

关键词：信息技术；政治权力；网格化管理；社区；城市基层治理

信息技术既是现代政府推进公共治理的重要工具，又是重塑政府形态、影响治理过程的力量之一。2012年年初，广州黄埔区在参考其他城市经验和行政部门网格管理经验的基础上，将全区9条街道59个社区划定为300个网格，推行"综合化、网格化、信息化"服务管理改革，成为广州首个采用网格化社会去服务管理的行政区。同年9月，越秀区在社区试行"网格化管理服务"工作。2014年7月,广州市召开城市社区网格化服务管理试点工作总结暨全面启动大会视频会议,印发了《广州市推进城市社区网格化服务管理工作总体方案》(讨论稿),确定将以200户以下为单位在广州全面推广网格化,并计划于2018年构建具有创新性、统筹性、实用性,居民满意的城市社区网格化治理体系。本文选取广州社区网格化治理实践为案例,将广州市自2012年开始在城市基层社区实施的网格化管理实践作为研究对象,探讨信息技术对基层治理的意义。通过展示广州市网格化管理的实施过程和典型做法,尝试分析信息技术在何种情形下如何影响城市基层模式的转变。

一、社区网格化管理模式及其实验路径

社区网格化管理是一种以数字信息技术为基础的公共治理方式。这种管理方式以"街道、社区为基础,根据特定区域规模"的标准,将城市划分为若干单位网格。同时,政府基于互联网技术建立专门的信息管理平台,确保信息快速传递,多级政府有效联动,使公共问题得到及时解决。社区网格化管理的实现需要电子地图、地理编码、GPS和手机定位、信息安全等10项数字信息技术的支持。借助信息化、网络化与数字化的相关技术措施,网格化管理模式实现公共资源和公共问题的精准匹配,实现人性化、精细化管理。同时,网格化管理模式以信息指挥平台为基础,将公共问题的处理和监督分离,提升相关部门的可问责性。在实施过程中,社区网格化管理通常遵循"两级政府、三级管理和四级网络"的原则,具有主动管理、闭环管理、数字化管理和动态管理的特征。

过去十余年,社区网格化管理成为中国各城市争先推动的新型治理模式。2004年,北京市东城区最先在社区使用网格化管理系统。该区将其下辖的17条街道、205个社区重新划定社会管理网格588个,并配置城管监督员,借助信息技术监控自己分管的万米单元区域,及时发现并处理社会问题。这种新型管理方式在维护社会稳定、提高管理效率上成效显著。次年,国家建设部将北京经验推向上海、南京等10座城市进行试点,并在

2006-2007年继续扩大试点范围。各地也因地制宜形成了各具特色的管理模式。此后，各省级政府对社区网格化管理的重视度进一步提升，先后出台全省范围内实施社区网格化管理的规范性文件，使其成为各地城市基层治理的重要组成部分。

二、广州的社区网格化管理：以信息技术为基础的新型治理模式

广州的社区网格化管理实践则是在前往多地参观学习、借鉴相关经验的基础上推出的。2012年年初，黄埔区在参考其他城市经验和行政部门网格管理经验的基础上，将全区9条街道59个社区划定为300个网格，推行"综合化、网格化、信息化"服务管理改革，成为广州首个采用网格化社会去服务管理的行政区。同年9月，越秀区在社区试行"网格化管理服务"工作。在考察成都温江、北京东城等地实践后，越秀区六榕街盘福社区、大塘街秉政社区成为首批试点推动改革工作。次年，越秀区的试点社区被确定为"全国社区治理和服务创新实验区"，获评首批"全国社会工作服务标准化建设示范地区"，该区按照"试点先行""拓展延伸""全面推开"的方式，完成全区267个社区全面推行网格化服务管理的工作。此后，广州其他城区相继跟进。2013年10月广州市召开了幸福社区网格化管理现场会，开始着重推进网格化管理工作。

网格划分是实行社区网格化管理的首要步骤。在试点之初，越秀和黄埔分别实行"小网格"（格内平均200户）和"大网格"（格内平均300户）的划分方法。2014年，广州市民政局根据对全市城市社区基础网格划分进行初步摸查和地理空间分布等因素，最终决定以200户作为划分标准，全市划定20777个基础网格。同年，广州市科信局制定信息化技术框架和目录，为举出网格编码、城市部件编码基础，初步划定网格之间的界限。此后，各区根据不同类型社区和网格工作量大小对社区网格数量进行优化，将基础网格数量下调至16560个。荔湾区更是于2016年在全市率先完成社区网格边界线测绘，为制作全区统一的基础网格电子地图做准备，

以形成更准确的社区空间索引。

在每个基础社区网格中,网格员承担着日常管理工作。广州市在每个基础社区网格中设置综合网格员1名,并实行相邻网格员AB角制度。社区网格员在信息移动终端的帮助下,对小网格的城市管理、社区服务等大小事项全部包干负责,并承担信息收集任务。作为社区"小管家",网格员的日常工作除巡查探访、发现并向上级反馈问题外,还需及时处理发生于网格内且职权能及的事务。网格员之上是网格长和由居委会主任担当的大网格长,形成社区居委会—网格长—网格员的三级服务管理格局。

社区网格化管理的核心是一套基于信息收集处理系统的工作流程。广州市各区都以信息技术为支撑,建立"市—区—街道"三级网络化应用系统。同时,将计生、出租屋管理、工商查无证照等12个系统与其对接,并将12345、12319系统与网格化系统的信息传递环节整合。在信息识别存储方面,网格化信息管理系统将入格信息与政府既有信息系统的相关数据进行比对和更新。各区还分别开发二维、三维网格化地理空间地图,纳入辖区城市部件信息定位,增加"以房找人、以人找房,人事关联、以物管事"等应用功能。各区针对网格员反映的公共问题,建立区、街道两级网格化指挥中心,并依据"五步闭合"的工作流程明确部门、街道、社区以及网格工作人员责任,建立工作台账,实行电子监察,防止责任推诿。当网格员把社区问题上传到网络平台后,从区领导到网格员,都能看到办事进度。如有部门推诿拖延,系统就会闪烁红灯警示。在信息系统的支持下,各社区形成"横到边、纵到底、全覆盖、无缝隙"的网格化管理网络。

政府各部门也基于网格化管理信息系统将部门行政业务下沉到网格之中。根据《广州市城市网格化服务管理办法》规定,对采用网格化开展的社会管理、公共服务等事项逐步纳入网格化服务管理。相关事项主要包括社会服务和城市管理两大类:前者包括民政、司法、人力资源和社会保障、卫生、计生、工会等公共服务;后者涵盖井盖、消火栓、道路指示牌、垃圾箱等城市基础设施、设备的运行、维护,以及非法占道堆物、毁绿占绿、破坏受保护历史建筑、非法客运、无证掘路、餐饮油烟污染等影响公共管理秩序或市容环境的行为和状况等事务。相关问题由网格员采集，并交综合工作平台统一受理，再分派到各行政部门进行处置。此外，信息采集、代办服务、宣传指引、党务工作等也逐步通过"准入制"考核进入社区网格。

自2014年全面推开社区网格化管理以来，广州基层社会管理图景已经发生巨大变化，社区网格成为城市社会治理的新单位。截至2016年3月，广州市97%的社区实现网格化管理，共划分出16560个网格，配置16356名网格管理员。越秀、海珠、荔湾各区还配备了网格员移动终端10877台，提升网格员的信息收集和问题处理能力。2015年，全市共受理网格事件288万余件，并通过区、街两级网格化信息指挥调度系统将问题汇总、分派到责任部门，最终办结273.6万件，办结率达95.5%。同时，技术和行政力量互相促进，强化了在基层社会治理中的重要性。"五步闭合"网格化服务管理模式，不但大大降低信访、社会案件的数量，而且促使大部分公共事务在社区、街道层级就得到解决。这种"横到边、纵到底、全覆盖、无缝隙"的网络，有效打通服务群众的"最后100米"，并实现限时办结功能倒逼和带动街道、部门强化合作，探索服务理念与流程的创新。

三、技术如何塑造广州社区网格化管理模式：政治权力与技术权力的互动

受到诸多因素的影响，社区网格化管理模式在全国各地呈现出不同的模式。在这些影响因素中，政治权力和信息技术两者的互动对社区网格化管理模式的最终形态形成，最为关键。

（一）社区网格化管理实践中的政治权力：为信息技术应用护航

在推动基层治理改革方面，广州市面临着持续的压力。一直以来，中央和省级政府都提出要推进并强化基层社会管理体系，创新社会治理机制，为改革发展提供保障。汪洋主政广东后，社会建设工作更是被提到新的高度。城市基层社区中持续不断的业主维权行动、基于公共议题的社

抗争此起彼伏,更是让市政府下定决心对城市基层治理模式进行改革。2011年年底,广州市第十次党代会的相关决策文件提出了打造"幸福社区"的工作目标,社区网格化管理成为重要的工作抓手。

1. 为信息技术推广提供政治权威

为了有效推进社区网格化管理实践,政府投入了可观的政治精力,自上而下地将以技术为核心的新兴模式向下推广。政治权力对技术的保驾护航首先体现在顶层设计方面。在网格化工作试点之初,广州市的主政领导就表现出高度重视。市政府专门成立网格化领导小组,并由市长担任组长。与网格化管理工作相关的24个政府职能部门也被纳入领导小组。网格领导小组下设信息化、队伍建设、制度建设等3个网格化专项工作小组,统筹推进全市网格化服务管理工作。各区也纷纷建立以区委书记或区长为组长的网格化领导小组,而且设置相应的区级网格化工作办公室,抽调专门人员进行日常管理,确保网格化工作的持续展开。如广州市民政局局长所言:

"广州市层面,提出社区网格化服务管理工作,我们很重视制度的顶层设计,这是目标导向了。……广州在顶层模式方面提出了"五个一"的工作思路,……陈市长特别强调,网格化服务管理是一项改革,根本问题实际上就是想解决服务群众最后100米的问题,真正实现管理资源下沉。"

各区政府主政领导也对社区网格化管理实践投入相当的关注。在广州市下属越秀区、海珠区、黄埔区和荔湾区等在社区网格化管理的目标表述上基本一致,3个关键词都是精细、数字化和高效。作为广州市的先行试点,越秀区的相关主政领导在推动社区网格化管理上不遗余力。除多次强调社区网格化管理的重要性、搭建网格化管理制度体系外,越秀区主政领导还亲至挂点网格化管理社区,推进"互联网+群众工作"改革实践的完善。黄埔区也多次召开区党政联席会议,区委区政府主要领导均专门批示,明确给予人、财、物保障,并在各层级工作会议、基层调研等多场合,经常性宣讲新时期网格化服务管理工作理念。

2. 整合行政资源、打破信息壁垒

社区网格化管理以社区信息的收集、处理和运用为基础,广州市政府在打破"信息壁垒"方面下了不小功夫。社区网格的有效运行需要掌握居民个人信息，统一于网格之中，人、地、物、事、组织等信息全部纳入网格化信息系统的数据库管理。针对当前以条为主的政府信息系统建设情况，广州市政府采取了非常强硬的整合态度。陈建华市长在2014年就再三表示：

"市政府常务会议讨论商量出一条原则，凡是不提供信息的部门，一律不提供财政拨款，涉保密信息部门除外。……只要部门不共享信息，说要单独做，那你就单独做，你的财政拨款就没有了。"

广州下属各区也积极推动信息系统的整合。在黄埔区，该区除将社区网格化管理信息系统与区工商查无证照、行政告知、区域卫生、司法、残疾人服务管理、信访、三维仿真地图、短信平台、政府数据中心、一刻钟服务圈等数据库对接，并打通与市级网格化服务管理信息系统、市级行政事务处理热线的对口工作，形成新黄埔"大数据库"。番禺区则基于"区长专线"的基础上，与"一号通"公共信息服务平台同步开发而成，整合了多方资源，重视信息数据整合，并于2014年出台《番禺智慧城市建设整体规划（2015～2017）》，推动信息惠民工作。

3. 投入财政资源、配置信息技术基础设施

信息技术的落地有赖于配置一定的基础设施，政府持续、稳定的财政投入显得尤为必要。广州市各区政府在社区网格化管理的基础建设方面的投入都非常支持。越秀区在社区网格化管理方面的经费投入达到1000万元。其中，区政府先期投入100万元（社区配套68万元）到实验试点的盘福社区，用于购置指挥中心设备、网格化管理软件、GIS平台、weblogic、数据库软件、手持移动终端设备以及租用光纤，后期还投入资金在社区装置了摄像头设备。越秀区建设街在办公场地紧张的情况下为网格化指挥调度中心腾出空间，还投入资金配置了大屏幕电视、电脑等监控调度设备和网格员手持信息设备终端。黄埔区、荔湾区分别投资开发了网格化服务管理系统手机App，并完善了网格员终端设备的离线办理功能。

此外，各区在社区网格员培训、专职网格员招聘方面投入了不少精力，南沙区的专职网格员比重领先全市。黄埔区长洲街道更是组织了一支

50人的专职队伍,提升社区网格化管理的运行效率。到2016年年底,广州市预计将实现专职网格员全覆盖。正是这些基本设施和人力的配置才让社区网格化管理中的信息技术得到有效应用。

(二)社区网格化管理中的技术权力:推动基层治理变革

信息技术作为一种独立的力量对基层治理带来显著变化。一方面,信息技术的运用不但提升了行政效率,而且促使各政府部门围绕信息技术来改造自身的业务流程。政府部门之间的权力关系也在信息管理系统中得到重构,并对信息技术产生一定程度的依赖。另一方面,信息技术也在改变居民的日常公共生活。以信息为基础的网格划分,为居民提供了新的认同单位。信息技术推动了公共需求的解决方式的转化。政府也在信息技术的协助下,用定点精准的公共服务"赎买"到公众对政治权威的认同,并让居民对社区网格化管理模式产生依赖。

1. 信息技术推动数据采集效率、推动部门入格

信息技术一旦被应用、推广,就体现出标准化运用,及灵活高效的特点。在广州的社区网格化管理实践中,信息技术的高效运用,对各部门将业务入格起到了明显的推动作用。网格化治理推动之初,虽然第一批城市社区网格化服务管理入格事项共涉及20个部门共计176项,但只有园林、城管等社会事务部门的业务得到开展,很多行政部门对此兴趣不大。然而信息技术作为定制技术的一种,可以灵活调整标准化程度,契合组织的需要。值得注意的是:随着网格化建设不断完善,网格员队伍建设、培训基本完成,不少部门现在纷纷主动申请增加部门入格事项。广州市民政局的工作人员表示:

"网格化推进两年,带来的变化十分明显,以前很多部门觉得网格化离他们很远,现在不少职能部门主动入格。"

造成这种变化的主要原因在于,行政部门逐渐意识到信息技术对基础数据收集和更新的威力。社区网格化管理信息系统统一采集网格居民数据,并实行动态管理。网格员在数据终端的帮助下,可以很快对数据进行更新,并做到实时回应。网格员每天手持PAD或手机在网格进行定点扫

码、移动巡查,通过网络将巡查数据上传到街、区指挥中心,并同步到市的数据中心。

"城管要一栋一栋楼去了解是很困难的,现在一个任务发下去,我们网格员只要一两天就可以摸查清楚。"

"我们的信息说不定比公安的还准,因为我们的是实时更新的信息[①]。"

在信息技术的帮助下,网格员可以深入每家每户收集信息[②],这种高入户率和数据高准确度成为行政部门争先入格的动力。

2. 信息技术实现虚拟构建、整合"条块关系"

网格化指挥调度中心是社区网格化管理的核心部件,逐渐成为基层治理中信息的集散地。网格化指挥调度中心以管理信息系统为基础,通过一系列信息技术设备可以对辖区内实现立体监控、综合指挥调度,对相关公共问题实现快速反应。以越秀区网格化指挥中心为例,它设置了全高清液晶监控、视频控制、无纸化办公、音频控制、资料存储等六大系统,接入社会治安、城市管理智能视频资源近5000路,升级完善800兆即时无线通讯系统,实现与省市"三防"、应急指挥平台的互联互通,可以实现7×24小时全时值守。

网格化管理的信息系统,对政治权力结构带来冲击。借助强大的信息系统,网格化指挥调度中心将各级政府内"条条分割"的权力结构在协调指挥平台这个虚拟平台上得到整合。原本是互相分离的"线"上的事情全部统合到网格之中,将社区基层工作人员,与街道、区甚至市的职能部门连接起来。"上面千根线、下面一根针"的执行结构开始向"上层条块整合,下层网格触角"的治理结构转变。公众通过信息系统终端传递信息和需求,从而跳开居委会,直面各行政部门。网格员也因此在工作能力上得到提升。一位受访网格员就表示:

"大家会协助我这个民政专干开展残疾人无障碍需求摸查,而出租屋

---

① 越秀区盘福社区网格员彭先生访谈,20150313。

② 以越秀区为例。2013年7月,民情日志共录入3209条,协同治理共录入1123条。除了北京街的盐运西社区的入户率只达到2/3,六榕街的盘福社区和光塔街的杏花巷社区在90%上下浮动,其余的社区均接近或超过99%,其中有5个社区实现了100%的入户率。

协管员也会指导我开展流动育龄人员摸查，大家在信息上互通有无，而我们手上的《社区宝典》更可帮助我们准确地向社区居民解释各项业务，使我们学习到其他各线的业务知识。"

信息技术的不断自我强化，促使网格化协调指挥中心成为推动行政部门自身调整的重要力量。一方面，信息系统的存在促使公共部门工作流程发生变化，让其在发现和处理问题两个环节上更依赖网格化管理体系提供的信息。另一方面，信息系统促进部门之间的信息公开和工作进度可视化，增强了对公共部门的可问责性。

"以前可能一个问题这个（部门）说不是我管，那个部门说不是他管，或者说是他管但正在进行中，不知道处理情况，现在的话就可以避免这些情况，比如说社区有违建，我们就可以反馈到调度中心，调度中心将这个任务调度到相关部门，然后在区一级或街一级就会有跟进记录，会有一个期限，在这个期限内一定要完成。"

依托网格化服务管理信息系统，网格化协调指挥中心建立反应快速的联动机制，将涉及多个部门的网格事件指定给一个责任单位牵头处置。当网格员把社区问题上传到网络平台后，从区领导到网格员，都能看到办事进度。如有部门推诿拖延，系统就会闪烁红灯警示。网格员的绩效考核、能力评估也变得更为清晰。

3. 信息终端增强政府与公众的黏性、制造服务依赖

信息技术在治理终端的应用不但对基层工作人员提出了新的要求，而且让居民对政府产生更强的服务依赖。网格化管理的相关培训和实践逐步改变了网格员的工作能力和行为规范。被动等待居民前来寻求帮助的"居委会大妈"形象，逐渐被专业自律的网格管理员所替代。

"在高拍仪等信息科技手段的帮助下……每天与社区居民'打成一片'，社区居民对我也更加熟悉，有更多的好感，也愿意把他们的心底话跟我说。"

同时，随着信息监控和业绩考核制度的完善，网格管理员如今承担的责任更大，在工作开展方面显得更加积极主动。网格成为基层社区服务新的整合单位，作为一个独立治理单位的网格已经初具雏形。

信息技术在社区网格化管理中的应用对居民的公共生活带来显著影响。网格员融入到居民生活之中，通过巡楼和信息收集对居民信息掌握十分准确，并能及时反映网格内的各种问题，防范于未然[①]。居民也更愿意将社区情况向网格员反映，而不是像以前一样寻求媒体爆料。

"网格员去走访的时候，有一些居民是很热心当你的爆料人的……这种靠爆料解决的事，每个月能有四五件。"

在网格化管理中，信息技术的开放性集中体现为社区居民与信息系统终端可以非常容易地衔接，进而增进了基层治理中居民对政府的依赖性。居民可以通过手机扫描二维码的方式知悉社区网格员的消息，并呈现出越来越积极参与、配合网格化管理工作的趋势[②]。基于网格建立的微信群、QQ群也成为网格员和居民互动的重要平台，而其他"间接"解决问题的方式的影响力则有所削弱。

网格中的居家老人，则更是网格化信息技术终端的受益者。部分社区帮助独居老人安装摄像头，尽量避免意外状况，并有专人每天前去探视。从各个社区的网格化实践上看，市长所希望的"居民以网格为荣"，通过网格化管理重塑街坊关系的局面正在形成。值得注意的是：这些老人的分布和具体信息都被存入数据库，与之前的居委会管理模式相比，相关机构的相应服务可以更为主动、精准地被递送到目标群体。有公共服务需求、公共问题难以解决时，居民的反映方式也逐渐向找政府或者自组织，向找网格员，监督问题解决进度转变。从这个意义上讲，居民向基层政府的利益表达更加直接，参与方式也有所变化。信息系统终端与数据库的持续有效连接，真正形成了一个"横向到边、纵向到底"的网格化体系，国家在基层的影响力显著提升。

---

① 记者走访发现，不少街坊已经熟悉了"网格生活"，网格员不仅能叫出网格内绝大部分居民的外号，更笑言"一些街坊家的狗的名字也叫得出来"。详情可参阅：http://news.ycwb.com/2016-07/15/content_22516361.htm.

② 广州市统计局2014年对2050名市民进行了电话调查。结果显示：91.8%的市民赞同实施社区网格化服务管理，69.3%的市民表示欢迎网格员到户访问，86.3%的市民愿意配合及参与网格化服务管理相关工作。详情可参阅：http://gz.southcn.com/g/2014-10/28/content_110982521.htm.

结束语：

广州市及其下属各级政府利用信息技术建立数据库和信息处理系统，使其成为网格化管理的基础。在多重政治压力之下，各级政府调集资源、设定激励机制，推进社区网格化管理模式，并对其充分利用来强化对基层社会的控制。社区网格化管理的实践成为打造"无缝隙政府"行动的关键步骤。与此同时，信息技术自身的灵活性、自我强化性促使基层治理结构发生变化，网格开始成为一个正在浮出水面的新治理单位。信息技术对政府与公众的关系也带来改变。信息技术促使政府改变自身的运行结构，在虚拟平台上实现条块结构的调整。在信息处理系统和信息终端的帮助下，公共服务的递送变得更加精准和有效。这进一步促使公众在遇到公共问题、产生公共服务需要时变得更加依赖于网格和政府部门，而不是其他社会组织或自行解决。政治与技术互相影响，推动了社区网格化管理实践的发展和成熟。

社区网格化管理模式走向成熟并逐步在全国各个城市推开，极大地改变了中国城市基层社会治理的局面。改革开放以来，中国城市基层社会逐渐从单位制走向社区制。在社会转型背景下，城市社区成为基层城市治理单元，也是国家与社会互动的主要平台。居委会则被认为是以政府赋权为主要资源、并主导城市社区互动的力量。居委会通过使用多种形式的权力、多样化的策略，来平息矛盾，维持治理。尽管业主委员会等社会组织不断涌现，城市抗争运动此起彼伏，国家并未在城市基层治理的基本单位"社区"中消失。居委会作为国家向社会渗透的中介的作用并未改变，并且在强调技术治理的改革开放时期变得越发重要。基于广州社区网格化管理的案例，本研究发现，居委会作为一种基层治理单位和国家权力作用中介的角色出现了走向衰落的态势。在信息技术的作用下，网格在基层治理中的作用变得更加突出。从某种意义上讲，这是城市基层治理对强调社会管理体制改革举措的一种切实回应。

必须指出的是，本研究通过分析社区网格化实践中政治与技术的互动发现，所谓的居委会"去行政化"并不意味着国家权力从基层退出，反而是更加强化。居委会深深涉入并溶解在网格之中，居委会成员成为网格运行最基本的力量。从这个意义上讲居委会"去行政化"可能是一个伪问题，也不一定存在城市基层政权内卷化的危害。

更近一步地，由于国家权力在信息技术运用方面的绝对优势，并将各种公共服务、政治互动都纳入网格，将政治生活实现基于技术的网格化，公共服务供给的精准度大大提升。公众可以选择基于网格的政治参与来表达自己的诉求，省时省力。他们不必再为组织利益集团（比如：业委会）、借助公共媒体、公共平台表达（比如：爆料，制造新闻，参加听证）等事务费神，会进一步强化其对网格化管理模式所提供的参与路径的依赖。

思考题

1. 信息技术在什么意义上能够促进基层公共治理质量的提升？
2. 简述信息技术影响基层公共治理的主要作用机制。
3. 试分析信息技术在未来进一步深化公共治理改革中可能的作用和潜在的风险。

深圳长租公寓进村遇困记
——城市房屋租赁市场培育中的政策失灵与出路

曾锡环，廖燕珠

（深圳大学管理学院公共管理系）

摘要： 本案例讲述品牌房地产企业——万村公司[①]进入深圳城中村成片租赁"农民私建房"，将"农民私建房"改造为"租赁公寓"遇到困境的故事。万村公司作为房地产品牌企业，在国家与深圳市政府有关政策的引导下，进入深圳城中村成片租赁"农民私建房"，标配性整体改造成靓丽的"白领公寓"，统一物业管理与出租。"白领公寓"进入城中村，村内房主、房地产企业、物业公司均得到经济实惠，城中村环境与秩序大为改善。品牌房地产企业对城中村"农民私建房"的"公寓式"改造，是市场力量撬动"脏乱差堵"城中村改造的有力杠杆，可房地产企业前期投资大，公寓租金必然上涨，同时引起周围住房租金联动上涨，"高租金"增加了周边工业园区员工居住成本，加重周边相关企业运营负担，围绕城中村"农民私建房"形成的"利益生态链"平衡被打破。2018年下半年，整体改造"农民私建房"为长租公寓的市场行为被叫停，万村公司参与城中村"长租公寓"租赁改造步伐暂停。深圳"长租公寓进村遇困"现象表明：深圳市政府鼓励与支持住房租赁市场建设的政策尚不完善，亟待采取更为综合配套的政策，才能有效推动住房租赁市场的持续健康发展。

关键词： 住房租赁政策；住房租赁市场；长租公寓；城中村；政策失灵

---

① 万村公司为万科公司管理长租公寓专门成立的公司

一、案例背景

2017年10月,十九大会议报告里指出:"坚持房子是用来住的、不是用来炒的定位,加快建立多主体供给、多渠道保障、租购并举的住房制度,让全体人民住有所居。"实行租购并举,培育和发展住房租赁市场,是我国深化住房制度改革的重要内容。国家鼓励住房租赁市场特别是长期租赁的发展,支持专业化的住房租赁机构,鼓励通过租赁解决住房刚需。为了建立和完善房地产市场平稳健康发展的长效机制,从中央到地方,一系列有关住房租赁的新政密集出台,在政策的支持下,长租公寓蓬勃发展。

政策是联系政府和公众的纽带,是公共利益的集中体现。然而,政策有时会偏离公共利益方向,引发政策失灵问题。作为一个在实际情况中较为常见的现象,对公共政策失灵进行独立研究非常具有必要性。由于我国培育租赁市场的政策颁发时间较短,目前租赁市场正处于转型期,租赁市场培育政策也正处于探索阶段。因此,有关这方面的政策尚不成熟,与之相关的学术研究也较少,需要相关的研究对其进行分析,以评估目前政策实施的效果,明确未来政策的发展方向。本案例通过剖析长租公寓在深圳城中村发展中遇到的不同困境,反思深圳市租赁市场存在的问题,分析深圳市租赁市场培育政策失灵的原因,研究深圳培育租赁市场政策的不足,以期为政府矫正租赁市场政策,进一步科学合理制定政策,建立租赁市场健康发展的长效机制提供有效建议。

二、案例正文

(一)"白领公寓"进村

1. "脏乱差堵"的城中村

生活在深圳市坂田街道新围仔村的康伯[①],最近遇见了一件新鲜事,

---

① 因相关受访对象要求,此文本对真实人物姓名等敏感信息做了技术性处理

自己生活了大半辈子的新围仔村，竟然变得有点认不出来了。2017年12月30日的清晨，康伯像往常一样拎着他的小收音机一边走一边听新闻，准备去吃个早餐。当他走到自己熟悉得不能再熟悉的新梅新二巷时，他惊奇地发现破旧的"握手楼"不见了，取而代之的是一栋栋色彩亮丽的时尚公寓。

康伯所在的新围仔村可不是一个普通的村，它是改革开放时深圳崛起的新兴城中村之一，曾被誉为"IT第一村"，地处龙岗区坂田片区，周边汇集华为、富士康等企业园区员工。据统计，目前新围仔村占地7.89公顷，有建筑238栋，住户约6093个，其中176栋为7层以上建筑，是一个以宅基地为划分单元的城中村。

新围仔村和深圳其他城中村一样，建筑密度高，电线漫天，公共配套及绿地景观匮乏，基础设施落后。因规划不足，交通、消防、卫生和治安等问题突出，"脏乱差"是大家对它普遍的印象。虽然城中村的存在仿佛与高速发展的深圳格格不入，但是自小在深圳长大、一直在城中村生活的康伯深知城中村对深圳的意义，从某种程度上，甚至可以说城中村成就了高速发展的深圳，因为它承载了外来人口建设深圳的梦。

根据《深圳市城中村改造总体规划》显示，深圳一共有320个原行政村，若以自然村为计，总量已超过1000个，农民房3.5万栋，占全市住宅面积的近一半[1]。同时，深圳2000万的实际管理人口中，80%的人群租房居住，意味着1600万租客中，1100万人都住在城中村[2]。广袤的城中村大大地稀释了租房成本，让成上千万的深圳人，特别是外来人员、大学生、创业群体等有了安身立命的可能。在一个城中村居住人口几乎占全市人口2/3的城市里，与城中村有关的任何变化，可以说是牵一发而动全身。

2. 青春靓丽的"白领公寓"

康伯一打听，原来这是万科开启的城中村改造项目，叫作"万村计划"。"万村计划"最主要的业务是统租农民房，即以略高于市场价租金从

---

[1] 数据来源：深圳市规划和国土资源委员会2018年11月5日发布的《深圳市城中村（旧村）总体规划（2018-2025）》

[2] 资料来源：深圳链家地产2017年11月发布《深圳租赁》白皮书。

农民房业主手中将房屋租下,租期一般在9～13年之间,经过改造之后移交给长租公寓"泊寓"运营。泊寓是万科旗下的长租公寓品牌,何为长租公寓?"长租公寓",又名"白领公寓","单身合租公寓",是将业主房屋租赁过来,进行装修改造,配齐家具家电,以单间的形式出租给房屋周边的白领上班人士。在这个过程中,租客无须直接和房东接触,租期以一年居多。除房屋本身外,公寓还另外提供卫生保洁、故障维修、安全保障等其他服务。模式如图1所示。

图1 万科"万村计划"模式图

康伯觉得实在是有趣,原本"脏乱差"且存在严重消防安全隐患的农民房,摇身一变竟成了青春时尚的长租公寓。抬头望去,原来"握手楼"之间的"一线天"不见了,现在看到的却是连接这些握手楼的通道。经过改造,两栋独立农民房之间每一层都会增加连廊连接,多了同层交通和消防疏散口,公共空间也随之扩大。

康伯一走进去,扑面而来的青春活力气息,一看就是年轻人的天地。几名租客正在一个类似咖啡厅的公共空间交谈,从公共空间往里走是一个宽阔的商业展厅,公寓还配有租户共享的健身空间,里面放着几台跑步机。

有一个小伙子要租个单间,想上楼去看房,康伯与工作人员沟通后,热情的工作人员同意也让他上去看看。康伯以为要走楼梯,没想到长租公寓还新增了电梯。工作人员介绍说,这个样板楼共8层,设有厨房、洗衣房、健身房等公共区域。麻雀虽小五脏俱全,康伯看着这些房子,装修得确实好看,比村中的农民房要强上好几倍。

看得出来小伙子很满意,但是不知为何有点迟疑。工作人员以为他是不满意价格,于是解释说:"我们这里一室一厅22平方米价格为1000元一个月,最便宜的是15平方米的单间,一个月约890元。虽然比城中村的自建房价格要高出10%,但是环境要好很多,而且还有许多公共共享的免费的活动空间。"康伯听后想想自己的出租房,两室一厅带厨卫的约

1500元至1700元一个月，一室一厅带厨卫850元一个月，带厨卫单间650元一个月，房租价格是便宜好多，但配置无法与这里相提并论。

小伙子不好意思地挠挠头说"我不是不能接受这个价格，就是你们这房子是改造的，电梯和消防之类的有没有安全保障？"

"这个您绝对放心，自建房没有经过正式的规划审批，安全隐患问题严重，而我们是与政府合作的，采用的是'EPC+物业管理'模式。简单说，就是消防、治安、供水、供电等建筑外部的市政设施是由政府投资并主导开展，而房屋内部管线则由公司重新铺设，增加了烟感、灭火器等设备，显著提高了安全性；另外，物业管理和租户的安全教育等工作现在都得到了完善。因此，从硬件和软件层面都提升了居住的安全性。"小伙子听完工作人员的解释后立马就心动了，当天就支付了押金。

康伯参观出来后回头看了一眼，旧楼经过改造后焕然一新，与旁边的握手楼形成鲜明对比。不远处的社区公园听说要建成供居民休闲的场所，已经开始有居民到附近休闲。康伯想，真的是人靠衣装，马靠鞍，楼房也要看包装。

（二）政策倡导住房租赁

"坚持房子是用来住的、不是用来炒的定位，加快建立多主体供给、多渠道保障、租购并举的住房制度，让全体人民住有所居。"习总书记在中国共产党第十九次全国代表大会说的这句话让康伯印象深刻。

实际上，中央从2015年开始就制定一系列的政策，推动住房租赁市场的发展。在2016年12月召开中央经济工作会议提出，要坚持"房子是用来住的，不是用来炒的"的定位，要求住房回归居住属性，这是构建房地产市场健康发展长效机制的开篇之笔。2016年12月21日，习总书记在中央财经领导小组第十四次会议上又进一步强调，"要准确把握住房的居住属性"。

表1 中央层面长租公寓政策支持汇总表

发文时间	发文单位	政策要点
2015-01	住建部	建立多种渠道，发展租赁市场
2015-11	国务院	要求重点"发展短租公寓、长租公寓等细分业态"；公寓首次纳入生活服务业
2015-12	国务院	提出满足新市民住房需求为主要出发点的住房制度改革，深化改革以建立租购并举的住房制度为主要方向
2016-03	财务部	公寓业所在的生活服务业也纳入营改增试点
2016-04	发改委	分域施策化解房地产库存，建立租购并举的住房制度，加快培育和发展住房租赁市场
2016-05	国务院	培育和发展住房租赁市场，以满足新型城镇化住房的多样化需求
2016-06	国务院	全面部署加快培育和发展住房租赁市场工作，出台一系列鼓励和规范住房租赁市场的政策
2016-11	税务总局	纳税人以长（短）租形式出租酒店式公寓并提供配套服务的，按照住宿跟服务缴纳增值税
2017-02	住建部	规范租赁市场；加快住房租赁市场立法；多渠道增加租赁住房有效供应；大力发展公租房；加快住房租赁市场监管
2017-04	住建部	鼓励房地产开发商参与工业厂房改造；开展集体建设用地上建设租赁住房试点；鼓励个人依法出租自有房
2017-07	九部委	关于在人口净流入的大中城市加快发展住房租赁市场。选取广州、深圳、南京等12个城市为首批试点单位，明确各地要搭建住房交易平台，增加新建租赁住房供应
2017-08	国土资源部、住建部	确定第一批在北京、上海、沈阳等13个城市开展利用集体建设用地建设租赁住房试点
2017-11	国土资源部、住建部、人民银行	大力发展租赁市场；因地制宜发展共有产权房；提高住宅和共有产权房供地比例
2018-03	国务院	建立长效机制，培育住房租赁市场
2018-04	监证会、住建部	推进住房租赁资产证券化，将有助于盘活住房租赁存量资产，提高资金使用效率，促进住房租赁市场发展。明确优先支持大中城市、雄安新区等地住房租赁项目开展资产证券化

2017年被认为是中国长租公寓发展的"元年"，这一年全国发布了246条楼市调控政策，银行多次调高房贷利率，最高上浮20%，但对租赁市场却是大力加持。政策暖风的频吹让长租公寓一夜之间遍地开花。

康伯的小收音机每天都欢喜鼓舞播着有关长租公寓的新闻，今天有哪个村要改造成长租公寓了，明天又有哪个人才公寓正式落成。听说万科已经陆续进入景乐新村、上角环村、石厦村、平山村和大梅沙村等等,截至2017年年底,万科已在深圳7个片区拓展33个城中村,并与南山区签订战略合作框架协议,其中已经有10个村启动了整租及改造运营工作[①],而这一数据在2018年6月更新到21个村。

(三)公寓进村改革试点

租房新时代确实来了,康伯从新闻中得知,自从2016年6月国务院办公厅发布纲领性文件《关于加快培育和发展住房租赁市场的若干意见》之后,全国各地区政府积极响应中央号召,纷纷出台了相关政策,给予租房市场相应的政策支持。商改住大势所趋,租赁政策的东风所至,为长租公寓带来巨大的政策红利。

表2 各省长租公寓政策支持汇总表

省市	日期	政策名称
甘肃	2016-08	《甘肃省人民政府办公厅关于加快培育和发展住房租赁市场的实施意见》
海南	2016-08	《海南省关于加快培育和发展住房租赁市场实施办法》
河北	2016-09	《河北省人民政府办公厅关于加快培育和发展住房租赁市场的实施意见》
辽宁	2016-10	《关于进一步深化住房制度改革加快培育和发展住房租赁市场的实施意见》
四川	2016-10	《四川省人民政府办公厅关于加快培育和发展住房租赁市场的通知》
宁夏	2016-10	《加快培育和发展住房租赁市场的实施意见》
安徽	2016-11	《安徽省人民政府办公厅关于加快培育和发展住房租赁市场的通知》
江西	2016-11	《人民政府办公厅关于加快培育和发展住房租赁市场的实施意见》
福建	2016-11	《福建省人民政府办公厅关于加快培育和发展住房租赁市场的实施意见》
吉林	2016-11	《关于加快培育和发展住房租赁市场的实施意见》
山西	2016-11	《关于加快培育和发展住房租赁市场的实施意见》
新疆	2016-12	《关于加快培育和发展自治区住房租赁市场的实施意见》
湖南	2016-12	《湖南关于加快培育和发展住房租赁市场的实施意见》
陕西	2016-12	《陕西省关于加快培育和发展住房租赁市场的实施意见》
河南	2017-01	《关于完善住房供应体系加快发展住房租赁市场的若干意见》
内蒙古	2017-01	《内蒙古自治区人民政府办公厅关于加快培育和发展住房租赁市场的实施意见》

---

① 数据来源:万科集团2018年3月27日发布的《万科企业股份有限公司2017年企业社会责任报告》.

续表

省市	日期	政策名称
广东	2017-01	《关于加快培育和发展住房租赁市场的实施意见》
贵州	2017-01	《加快培育和发展住房租赁市场的通知》
云南	2017-02	《云南省人民政府办公厅关于加快培育和发展住房租赁市场的实施意见》
广西	2017-03	《关于加快培育和发展住房租赁市场的实施意见》
青海	2017-03	《青海省人民政府办公厅关于加快培育和发展住房租赁市场的实施意见》
湖北	2017-03	《关于加快培育和发展住房租赁市场的实施意见》
黑龙江	2017-06	《黑龙江省关于加快培育和发展住房租赁市场的实施意见》
北京	2017-08	《关于加快发展和规范管理本市住房租赁市场的通知》
上海	2017-09	《关于加快培育和发展本市住房租赁市场的实施意见》
山东	2017-10	《山东省人民政府办公厅关于加快培育和发展住房租赁市场的实施意见》
浙江	2017-11	《关于开展省级住房租赁市场培育试点工作的通知》

深圳是全国第一批发展住房租赁的试点城市，在2017年9月，《深圳市住房租赁试点工作方案》（征求意见稿）发布，指出要引导"城中村"通过综合整治开展规模化租赁。2017年10月发布的《深圳市关于加快培育和发展住房租赁市场的实施意见》中提到，深圳将培育住房租赁市场供应主体，完善公共租赁住房管理，加大租赁住房建设和供应力度，完善住房租赁立法和支持政策，加强住房租赁市场监管。

康伯特别注意到，在《实施意见》中提到引导"城中村"通过综合整治开展规模化租赁。各区政府至少要组织开展进行一项"城中村"规模化的租赁试点工作，并指出有条件的区，可以以街道为单位开展工作，引导各原来农村集体经济组织及继受单位通过综合整治提升"城中村"品质，将符合条件和违法建筑查处相关规定的"城中村"改造成租赁住房，长期对外租赁经营。

康伯那天参观的泊寓长租公寓即为坂田的第一个试点项目。在2017年11月出台的《深圳市"城中村"综合治理行动计划（2018-2020年）》的指导下，新围仔成为了"低密度、微更新，以环境综合整治为主"的改革创新试点，全面总结以往城中村整治经验，采用"EPC+物业管理"创新思维模式，引入知名品牌开发企业参与项目建设、物业管理和商业运营。

(四) 公寓进村遇到困境

资本逐利的鹰眼，拿着放大镜在空中俯视，具有长租公寓生长天然沃土的城中村，无疑是最诱人的那块肉。随着开发商、互联网创投、酒店和房产中介公司等资本纷纷入局，城中村的平静正在被逐渐打破，长租公寓在城中村的发展也遭遇瓶颈。

1. 困境一：租赁市场乱象丛生

目前长租公寓普遍采取的是"二房东"运营模式，即主要赚取的是拿房成本与房租价格间的差价。由于竞争激烈，为了争取优质的房源，有些资金不够的企业会利用银行贷款等融资渠道来获取资金，造成恶性竞争。有些长租公寓甚至采用一些违规操作来争夺房源。例如通过提高租金的方式来诱引房东提前与租客解除租赁合同。房源收购价格较高，再加上装修等成本，长租公寓势必会将这些成本转移到租客，而因为可供选择的房源减少，租客被迫只能接受较高的价格。市场乱象如图2所示。

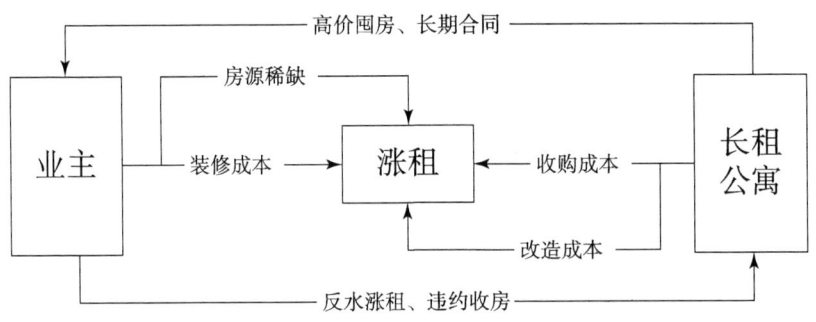

图2 租赁市场乱象图

在这种情况下，原本的房东看到房源的租金一直在涨，心理就会开始失衡，不同的房东会采取不同的反应。

将房子租给长租公寓的房东，部分会要求"反水"涨租，涨租幅度几乎是市场平均租价，如果得不到满足，就要收回房源租给别的平台。甚至有些房东宁愿违约也要收回房源，因为一旦房东执意违约，按与平台签署的合同也只需支付2至3万元左右的装修、家电折旧费与违约金。而这仅需一年半的时间，就可以挽回违约的损失，同时还可以收回一间装修完毕，家电齐全，租客拎包即可入住的房子。

而没有将房子租售给长租公寓的房东，很多会采取士绅化的方式，即将房子简单装修，添置低廉家具，包装后再推出市场，收取比改造前更高的价格。可怕的是，在这种情形下就算房东什么都不做，因为房源供应量的减少和人员依旧大量流入，就算坐地起价，城中村的出租房也依旧是供不应求。

康伯对房东的行为也是理解的，如果同样的房子，别人租1000元，你租600元，积年累月的收益差距可不一般，有些房东想趁这个时机来涨价想来也是合情合理的。

然而，正是在这种"乘机捞一笔"的气氛下，整个市场的租金一路高歌。深圳市政协委员聂竹青谈及深圳租赁市场时列出了一组数据，根据2018年年初统计，79.5%的租客表示租金上涨，其中有5.5%的租金上涨500～1000元；有3.6%大幅度上涨，每月要多交1000元以上。按照深圳市规土委[①]调研数据显示，2018年7月深圳全市商品住宅单位租金为82.22元每平方米，环比上涨5.17%，而城中村住宅单位租金是39.16元每平方米，大概是商品住宅租金涨幅的50%。

表3 深圳市住房租赁价格指数表

日期	指数	环比	同比
2017-11	1055.7	1.77%	4.33%
2017-12	1051.0	-0.44%	3.54%
2018-01	1054.1	0.30%	3.62%
2018-02	1058.9	0.45%	3.78%
2018-03	1062.1	0.30%	3.46%
2018-04	1057.4	-0.44%	2.88%
2018-05	1060.7	0.31%	2.94%
2018-06	1060.5	-0.01%	2.83%
2018-07	1066.5	0.56%	1.84%

---

① 2019年深圳市机构改革后，市规土委已更名为"市规划和自然资源局"。

续表

日期	指数	环比	同比
2018-08	1073.8	0.69%	2.81%
2018-09	1076.4	0.24%	3.36%
2018-10	1077.4	0.10%	3.86%
2018-11	1071.5	-0.55%	1.50%

数据来源：2018年11月中国城市住房租赁价格指数报告。

根据中国房地产测评中心发布的《2018年11月中国城市住房租赁价格指数报告》，深圳的租赁价格指数同比持续上涨态势已经达到23个月。

2. 困境二：务工人员无奈逃离

康伯所在的新围仔村属坂田街道，周围汇集了华为、富士康几家大型IT企业，新围仔附近的城中村都居住着大量邻近企业的员工。这些员工大都具有本科以上学历，其中不乏大量国内著名高校的硕士、博士研究生，以及一些海归人员。又因其租金低廉，不少低收入人群也会安居于此。

根据中原地产数据显示，随着核心区域的城中村租金涨幅大，选择逃离的人群较多，租金"居高不下"，租客"居住不上"。因租金上涨而逃离深圳，不是新闻，是康伯身边实实在在发生着的事情，如今康伯走在街上却发现许多曾经熟悉的身影已经无可寻觅。

康伯想外来人员的流失不能全部归咎于租金的上涨，但因为租金上涨过快而逃离的人，也不在少数。

3. 困境三：厂区运营成本飙升

事实上，从2017年开始，深圳已有很多工厂都往东莞、惠州迁移，一方面是因为员工用人成本水涨船高，另一方面也是因为厂铺租金日益飙升。老板们都说："这年头，办小工厂的不容易，感觉自己赚的利润一交完租金就所剩无几了。一百几十人为我打工，而我却在为房东打工。"员工抱怨只见房价涨不见工资涨，其实工厂运营成本上涨的速度，早已使得老板不堪重负。

4. 困境四：村民要求城市更新

2018年的11月发生的两件事，似乎都在暗示着长租公寓在城中村的发展正遇瓶颈。

第一件事发生在11月7日，深圳笋岗村村民拉起了抵制综合整治的横幅。

这件事的起因是2018年11月5日深圳规土委公示的《深圳市城中村总体规划（2018～2025）》（征求意见稿），文件中指出，将把深圳各个区54%～75%的城中村纳入综合整治，在2025年前不能推倒重建，对综合整治的城中村实行租金价格管制，满足条件的城中村可纳入住房保障系统。规划期区中，南山区、福田区和罗湖区综合整治分区划定的比例不得低于75%，其中，属于罗湖区的笋岗被列入了综合整治之内，而接手笋岗村综合整治的开发商正是深圳万科。

第二件事就是深圳"万村计划"全面暂停拿房的消息传出，这事就发生在笋岗村村民抵制综合整治的隔天。对于业务暂停的消息，深圳万科方面的回复是"业务正常推进中"。但时隔一个月后，在媒体交流会上，万科高级副总裁、南方区域本部首席执行官张继文正面回应，"万村计划"确实暂停了。

叫停"万村计划"的原因之一是工程进度的严重滞后，实际上，"万村计划"与万科的地产业务并没有打通，因此整个工程设计、施工万村都需要重新寻找合作方，导致进度的拖延，2000多栋房屋的开工率大概只有20%，已经开始运营的房屋也为数不多；第二个原因是高昂的支付成本，万村签订的业务合同没有"免租期"，这代表着一旦业主移交房屋，万科就要开始支付租金了，深圳万科需要支付的资金每月高达数亿元，而回流的租金收入却不尽如人意；第三个原因是收益率低，因为万科的拿地策略、政府租金调控等，"万村计划"的收益率日渐走向下坡路。

（五）公寓进村政策走向何方

对于"万村计划"的叫停这件事，康伯经常光顾的那家汤粉店的老板阿强是很开心的，在阿强心里，他认为就是"万村计划"逼走了周末跟他一起打麻将的那几个朋友。但相比"万村计划"暂停，他更希望政府早日制定相关的政策，控制这一路暴涨的租金。

不知不觉,距离康伯第一次到泊寓参观已经过去了一年。根据百度搜索指数显示,在2017年12月至2018年12月这一年间,关于"长租公寓"与"房租上涨"的话题热度不减,并且呈现出同涨同落的趋势。如图3所示。那天他经过泊寓时往里面瞧了一下,正好见到以前领他参观的那个工作人员,看到康伯也是非常有礼貌地一笑,康伯感觉好像也没什么异常的,一切都是照常运营。想想也是,会有什么异常呢?老李说这是企业战略,泊寓现在有7~8万间房源,现阶段更重要的是对已有房源的运营,而非加大扩张。

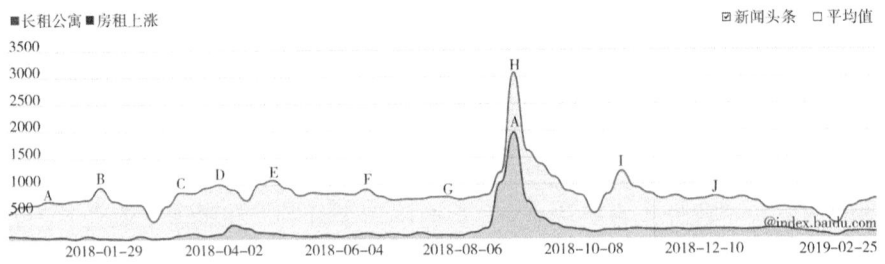

图3 百度搜索指数图

这一路飙升的租金,早就引起深圳市政府的注意,并加快了对租赁市场培育政策的探索步伐。2018年8月深圳房博会租赁论坛上,深圳市规划和国土资源委员会房地产业处透露,深圳正在探索建立全市稳租金商品房项目制度,将采取严格的租金管制。希望通过价格传导效应,推动稳租金商品房的全面推开,从而影响到周边的租金价格定位,进而引导全市租金的合理定位。虽然这批稳租金商品房项目的数量较小,但它更多的是起到一个信号作用,表明了深圳要稳定住房租赁市场租金价格的态度。

时隔4个月,深圳又发布了《深圳市政府关于加快培育和发展住房租赁市场工作情况的报告》。根据报告数据,目前在城中村的住房租赁企业数量有200个左右,改造的住房(含洽谈)约10万套,占城中村租赁房的比例为2%;改造后再出租约1万套。通过统一改造和提供附加服务,城中村专业化租赁吸引了白领等较高收入群体入住。但是,也使得城中村住房租金提高了50%至100%,并且还带动周边未改造楼栋的租金上涨大约10%。部分机构为加快扩张而争相抢夺房源,造成房租的非理性上涨,必须要关注高租金对低收入群体造成的挤出效应。

租金的上涨已经成为深圳一个热度不减的话题，舆论中夹杂着愤怒、焦虑和无奈，急于揪出这场风波的罪魁祸首。长租公寓曾经是美好生活的代名词，在经历了多方政策鼓励、租金上涨风波后，被硬生生地拽进了舆论的漩涡，谁错了？是资本的错吗？是新兴事物长租公寓的错吗？是政策出发点的错吗？但是眼下，除了找出问题根源，更重要的是，针对目前租赁市场发展出现的租金过快上涨的风险，探索制定出深圳市稳租金商品房项目的制度，建立租赁市场健康稳定发展的长效机制。

三、案例分析

（一）理论基础

1. 政策失灵理论

政策是一个从认识问题到解决问题的动态运行过程，以政府为代表的公共权力机构通过制定和执行政策，着手解决社会产生的公共问题，最终实现社会和谐和人民幸福[①]。政策失灵经常也被称为政策失败或政策失效。但是政策失灵并不完全等同于政府失灵，一方面是因为政府的工具并不仅限于政策，另一方面是因为政策主体已经日趋多元化，政策主体参与方式也日趋网络化。因此，政策失灵显然不能直接等同于政府失灵。

王满船和汤敏轩都侧重从政策后果解释政策失效，王满船认为，政策失效是指因为各种不同的原因，政府部门原来制定和实施的政策无效，甚至产生了不良后果和消极的影响，进而引发新的政策问题[②]；而汤敏轩认为，政策失灵就是指一项政策的过程或结果偏离了政策制定者实施政策预想的目标，并且对政策目标群体造成了料想不到的负面效果[③]。胡凯等人偏重从政策失效的原因来定义政策失灵，其指出，政策失灵是指一项政策在运行的每个阶段，因利益主体的博弈而出现的非连续的、与公共利益相背

---

① 屈金超.博弈论视角下公共政策失灵矫正路径建构[J].合作经济与科技，2016（13）：177-179.
② 王满船.公共政策制定：择优过程与机制[M].北京：中国经济出版社.2004：55.
③ 汤敏轩.公共政策失灵：政策分析的一个新领域[J].中国行政管理，2004（12）：79-83.

离、对政策目标群体产生的负面影响超过其正面影响程度的现象①。

2. 政府职能理论

政府职能也称为行政职能，它是指作为国家管理的行政主体，在依法对国家经济、政治、文化等社会公共事务进行管理时应当承担的职责和所具备的功能。政府的职能代表着行政活动的基本内容和方向，是公共行政本质的体现。

第二次世界大战结束后，市场失灵成为了正式的经济学分析概念，经济学界开始对其产生原因进行系统的研究，提出外部影响、垄断、公共产品和收入不公等现象的存在，是政府对社会经济领域进行积极干预的原因②。70年代，著名哲学家约翰·罗尔斯在他的著作《正义论》中讨论了与政府职能的有关问题。罗尔斯提出，政府应通过各种手段来保证人拥有受教育、受培养的权利；在经济活动和职业选择中，政府应当防止公司和私人团体的垄断性；最后，政府也应该确保一种社会最低受惠值。他把政府分成了配给、稳定、分配和转让四个部门，他强调，这些分类不是政府的常见组织机构划分，而应被理解为政府机构的不同职能。

3. 利益相关者理论

"利益相关者"这一说法最早出现在弗里曼出版的《战略管理：利益相关者管理的分析方法》，书中明确提出了利益相关者理论。它是用于指导企业的经营管理者在管理活动过程中，如何综合平衡各个利益相关者的利益要求。对比传统的"股东至上主义"，该理论认为各利益相关者的投入或参与是一个公司发展的重要因素，企业应该追求的整体利益，而不是局限于某些主体的利益③。

随着理论的发展，利益相关者研究的主体从企业拓展到社区、政府、城市以及政治和社会环境等领域。利益相关者理论不仅适用于企业，经济组织之外的其他组织、团体和事业单位都可以采用该理论来解决类似的问题。某项涉及众多利益群体或个人的活动，若出现了利益博弈不均而失衡

---

① 胡凯，杨雄辉. 公共政策失灵及其矫正对策 [J]. 云梦学刊, 2010, 31 (5)：72-74.
② 张侠. 都市旅游发展与政府职能研究 [M]. 华东师范大学, 2009.
③ R.爱德华·弗里曼. 战略管理：利益相关者方法 [M]. 2006.

的情况,都可以通过勾画分析各组织与相关群体的关系来重新设计参与规则,理性处理这些利益关系,最终形成合作共赢的新方案[①]。

(二)住房租赁市场培育政策失灵分析

政策失灵作为一种普遍的现象,是每个国家都要解决的一个问题,只不过政策失灵在内容、形式以及程度各方面在每个国家的具体情况有所不同,造成政策失灵的原因是多样的。政策失灵可能是因为制定的政策本身存在着缺陷,或者政策在执行过程中出现了偏差,还可能是因为政策落实后引起了一些未曾考虑到的负面效果。本案例中出现政策失灵的原因在政策制定、政策执行与政策效果三方面都有所体现。

1. 住房租赁市场培育政策制定:职能发挥失灵

政策制定存在缺陷存在着多种原因,可能是因为政策目标含糊不清、政策用词模棱两可或者是政策内容不明确。本案例中,造成住房租赁市场政策培育政策失灵的主要原因是在顶层设计出来后,政府没有出台相应的配套政策,导致政府的有些职能没有全面发挥,在有些职能上出现缺位的情况。

中国目前的住房租赁市场存在着市场失灵的情况,许多因素制约着租赁市场的发展,例如,租售比例严重失衡、市场主体没有动力开发租赁产品、部分企业利用信息不对称造成市场价格不透明等;还有可能是因为承租双方都没有充分的信息和市场交易机制去合理选择,造成资源无法达到最优配置。

上述问题短期内仅依靠市场自身不能实现完全调节,这种情况下迫切需要政府全面发挥公共服务的职能。公共经济学家理查德·马斯格雷夫把政府职能分为三种,分别是配置职能、分配职能和稳定职能。其中,配置职能是指在市场无法实现合理的资源配置的情况下,政府利用行政手段进行干预纠正;分配职能指政府通过税收、转移支付等方式维护社会的分配公平;最后的稳定职能强调的是政府从长期和短期的角度维护经济平稳增长,避免通货膨胀等。根据公共经济学家理查德·马斯格雷夫的三种分

[①] 高所贵. 城市动迁中的利益博弈与利益整合[D]. 复旦大学, 2011.

类，将租赁市场政策分别体现的职能整理如表：

表 4 培育住房租赁市场政策政府职能整理表

政府职能	发展住房租赁市场	措施
配置职能	加大房源筹集	发展规模化、集约化的租赁企业
		鼓励房地产企业开发住房租赁产品并长期持有
		加大公租房筹集力度
		鼓励新建、改建租赁住房
	规范市场行为	规范住房租赁中介机构及行为
		支持加快建设住房租赁信息服务与监管平台
		完善租赁住房登记备案
分配职能	完善资源配置	提供住房租赁税费减免支持
		支持租户享受均等化义务教育
		鼓励对住房租赁提供金融支持
		加大对租赁住房提供建设用地
		将城中稳定就业的外来务工人员等纳入公租房保障范围
稳定职能	健全体制机制	国家和地方加快完善租赁法规政策
		落实城市政府等的地方责任
		加强行业管理和规范

根据表 4 与案例的具体情况可知，目前住房租赁市场发展政策中，政府的配置职能发挥得较为完善，国家和地方出台的各项措施重点在培育住房租赁市场。然而，政策中体现政府分配职能与稳定职能的较为欠缺，政策措施较为单一，配套政策不足，从长期来看不利于社会的公平和经济的平稳发展。

2.*住房租赁市场培育政策执行：利益协调失衡*

一般而言，造成政策执行方面出现问题的原因也是多种多样的，例如，政策宣传不足或宣传过头、执行政策者对政策认识不够深入、对政策执行把握不准或者是对政策边界区分不明等都会导致政策执行失误，进而导致政策失灵。但是最常见的是因为政策的执行触动了某些既得利益者的利益，因此他们会采取各种方式抵制。实际上，因为政策其本身就涉及不同利益群体的利益，各主体都会从各自的角度出发，选择符合自己利益最大化的策略，在这种情况，就会导致不同利益主体展开博弈。本案例中，政策失灵的主要原因是未能平衡各利益相关者的利益。

国外对利益相关者的分类研究较为丰富，比较有代表的是米切尔评分法和多维细分法，在多维细分法中 Clarkson 根据相关者群体承担风险的方式，将利益相关者分为主动的利益相关者和被动的利益相关者，之后又根据利益相关者与利害关系的紧密程度，将利益相关者分为首要的利益相关者和次要的利益相关者。

在本案例中，一切与长租公寓进入城中村利益相关的群体都可以称之为利益相关者，主要包括政府、长租公寓、城中村的业主、租户、商户与厂区，根据 Clarkson 的利益相关者的分类方法，可以将其整理如下：

表5 利益相关者分析表

利益相关者	首要利益相关者	主动利益相关者	次要利益相关者	被动利益相关者
政府		√	√	
长租公寓	√	√		
业主	√	√		
租客	√			√
商户、厂区	√			√

在城中村，这些利益相关者是一个互相依赖的整体系统，他们之间存在着互相博弈的关系。博弈主要是指在同一行为空间内，不同决策主体的决策行为发生后，会对其他主体产生直接或间接的相互作用，各个决策主体所要做出的相应决策和追求决策均衡的问题，根据案例内容与上面的利益者相关者理论分析，可以将城中村的租赁市场的博弈关系表示如下图：

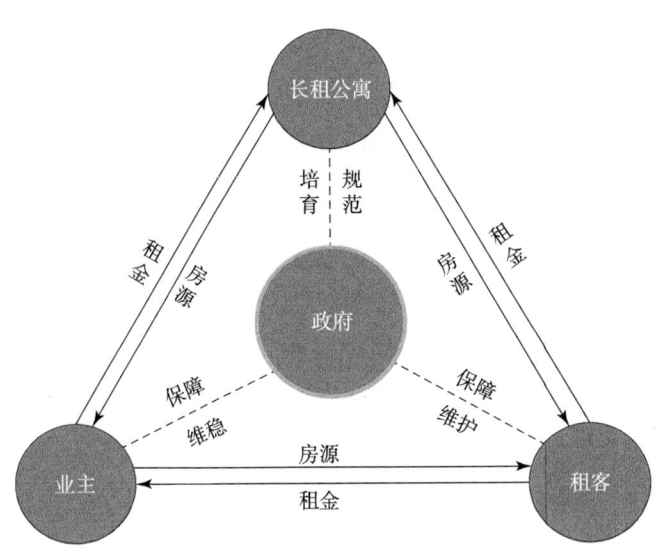

图 4 租赁市场利益相关者博弈图

根据案例内容可知，政府制定租赁市场培育政策的出发点是保障房源供给和改善居住条件，政府部门对长租公寓进入城中村是持赞成的态度。长租公寓因为巨大的商业利益对进军城中村也是保持着积极的态度。村中业主的反应比较复杂，他们有些更期待城市更新，因为可以一次性地巨额补偿；有些则乐于将自己的楼房包租给专业化租赁企业，因为不但能得到翻新的楼房，还不需要自己亲自管理。租客来自不同群体，收入较高的"白领"对于专业化租赁带来的居住条件的改善是欢迎的；低收入群体的承租能力普遍较低，租金价格往往是他们选择居住场所的首要考虑条件，日渐高涨的租金超出其承租能力范围，除了无奈接受租金上涨的现状，部分人会将问题焦点转移到要求涨薪，进而导致原本对"高租金"已不堪重负的商户和厂区运营成本的增加。将上述不同利益相关者的诉求与态度整理如下：

表 6 不同利益相关者的利益诉求及态度

利益相关者	利益诉求	态度
政府	保障房源、改善居住条件	支持
长租公寓	经济收益、规模效益	支持
业主	经济收益、房屋样貌完整	支持或抵触

续表

利益相关者	利益诉求	态度
租客	良好的居住环境、较低的租金	支持、中立、无奈
商户、厂区	较低的用工成本、较低的租金	支持、无奈

不同的利益主体具有不同的利益诉求，案例里长租公寓进村的过程中，因为政策制定时配套措施不足，进而导致政策在执行时，多元主体的利益未能得到平衡，特别是处于"利益链条"弱势的承租者。当租赁市场处于卖方市场，议价能力较低的租客、商户与厂区处于被动的地位，最后只能采取消极的搬迁、逃离措施。

3. 住房租赁市场培育政策效果：效果预测失误

政策能否按照政策制定者的想法达到预期的目的，在一定程度上具有非常大的不确定性。一是因为政策效应有滞后性，从政策的制定、实施到生效是需要一个过程的，在整个过程中，也许实际情况已经发生了很大的变化；二是因为政策制定者也具有局限性，不能完全预料与把握政策执行后会产生的情况，以至于造成政策失效，有时甚至会适得其反。本案例中，政府出台政策的出发点是要培育租赁市场，但是因为上述的政策制定与政策执行中的问题，最后导致了政策效果偏离了最初的政策目标，其政策效果失误的路径可以用下图表示：

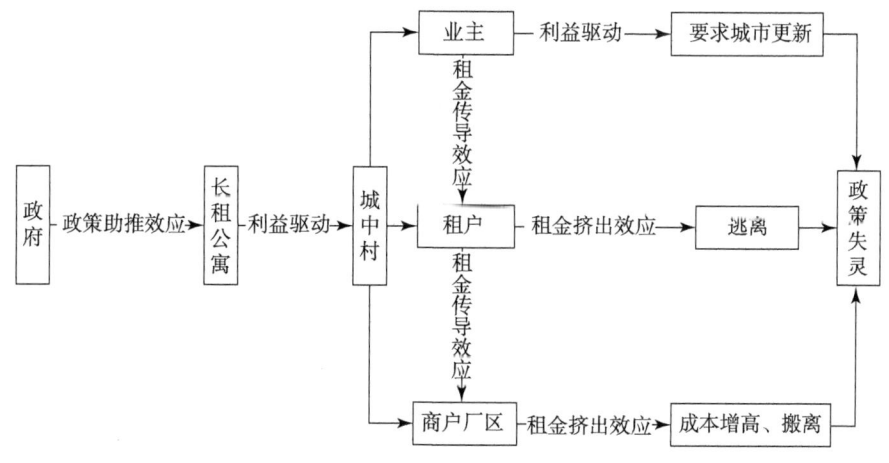

图5 租赁政策失灵过程图

强有力的住房租赁市场培育政策确实促进了租赁市场的蓬勃发展，推动了长租公寓在城中村落座成功，有利于城中村违法建筑综合纳管的实施，给城中村带来了多方面的新的变化。深圳市长租公寓行业的发展，对培育住房租赁市场、安全纳管历史遗留的城中村违法建筑等方面起到了正面的作用。

（1）长租公寓有效解决了城中村普遍存在的安全隐患问题。例如，长租公寓运营企业对城中村房屋进行了改造，对老旧房屋进行了房屋建筑安全评估和检测，同时，在用电安全、用水安全、消防安全等方面也采取了有效的管理措施，大大降低了违法建筑的安全风险；

（2）长租公寓有效提升了对城中村违法建筑居住人群的治安管理。例如，长租公寓运营企业通过各种监控覆盖、办理正规经营执照、对居住人群进行人口信息登记等措施，使得城中村治安管理有了较大程度的改善；

（3）长租公寓有效地改善了城中村违法建筑的外观形象以及周边配套环境。例如，长租公寓运营企业在改造过程中，对原来破旧的房屋进行外墙装饰和内部装修，在公寓周边配建体育娱乐设施等，使得城中村的面貌有了较大的改善。

然而，在这个过程中现有政策也忽略了市场具有自发性这个问题。城中村收储统租需要开展大量的外部综合整治和环境提升、内部改造和添加设施设备，相关投入成本势必会转移到承租者身上，此时还带来周边房源的租金上涨，昂贵的租金通过传导效应，不只影响到租客，还波及周围企业造成用工成本增加，进一步损害了营商环境，最终，租金的传导效应造成了对低收入工作者和厂区的挤出效应。但是这完全背离了政策初衷，如果人员和厂区的流失严重，发展租赁市场的意义也就不复存在了。

（三）租赁市场培育政策建议

结合案例，如果要矫正政策失灵，完善租赁市场，非常重要的一点是要全面发挥政府的职能，调动各利益相关者的积极性，从源头去进行制度安排和制度创新。本文有针对性地对政府、开发商、承租者和出租者四个主体分别提出了政策建议，具体如下：

1. 加快推进稳租金政策出台

目前，乐有家研究中心发布了《2018年深圳住房租赁报告》指出，2018年深圳平均月租达到70元/平方米，2019年Q房网数据研究中心公布，2019年1月全市商品住宅月租已为76.47元/平方米，意味着深圳的房租在新的一年仍然处于上涨趋势。深圳市目前急需加快制定稳租金政策，发挥政策传导效应，加快制定住房租赁法规政策，加快启动《深圳市住房租赁管理条例》的研究制定，为住房租赁市场规范健康发展提供政策依据。

第一，建立科学的价格指导体系。目前深圳还没有比较完善、全面的区域租金指导价格，深圳要完善住房租赁市场的价格调查体系，联合市房屋租赁办进一步完善租赁价格统计体系，编制深圳市统一、科学、合理的租金指导价格，编制后定期向社会发布，指导租赁当事人合理约定租金，同时要引导骨干企业出租房的租金不超过所在区域的租金指导价格。对价格指导的前提是要对租金有一个定位，可以借鉴房地产评估中心采用市场评估的方法，对起始租金进行评估，实现一房一价，因为租金不可能永远不涨，涨幅也不可能永远不变，所以可以参照当前的市场发展形势以及周边租金价格、CPI增长速度和人均可支配收入增长率等综合指标，实行一年一调。

第二，实行严格的租金管理措施。对租金的管理必要时可采用管制手段，在这方面可以借鉴德国的经验。德国为了保障国民租房，19世纪就制定《住房租赁法》，最初规定3年内房租累积涨幅不得高于30%，2012年将3年内涨幅改成不得高于15%，2015年再一次调整，房东若再出租住房，租金最大上调幅度不得高于当地标准房租的10%。德国的租赁市场非常发达，租赁人口占56%左右，特别是首都柏林的租赁人口达到86%，汉堡为77%，远远高于其他国家，这给我国租赁市场培育政策提供了一条可鉴之路。当然，各国家的情况不尽相同，别国经验也不能照抄照搬，可以采取试点推行的方式，运行成功之后再全面推广。

2. 加大监管开发商政策力度

专业化、规模化以及规范化是租赁市场未来的发展方向，政府应该继续加强对租赁市场的培养，特别应该加强对城中村的租赁市场的指导。有序推进城中村规模化改造，对城中村综合整治给予适当财政补贴，引导租赁企业按照租户的消费结构和支付能力，供应适宜的租赁住房。但是根据案例调查可知，目前租赁市场出现了乱象，政府也应该加大对租赁市场的主体开发商的监管力度。

第一，设置租赁企业准入门槛。有序引导各类市场主体参与，避免市场主体无序竞争。严格审查开发商的资质，加强对开发商的年度审验，重点审核资金保障和人员管理等问题。建立住房租赁诚信监管体系，加强对开发商的资信评估，构建守信联合激励和失信联合惩戒机制。定期审查资金是否足额，是否按时按期到位，是否被挪作他用。

第二、整治城中村租赁市场秩序。政府要严格查处租赁企业哄抬房租、抢夺房源、捂盘惜售、发布虚假租赁信息等扰乱租赁市场的行为；结合"扫黑除恶"专项行动，严厉打击住房租赁市场合同欺诈、霸王条款、变相涨价、克扣押金、价外加价、一房多售和捆绑销售等违法违规行为；加强租赁住房日常检查，对存在房屋安全隐患的督促整改。

3. 加强保障承租者政策建设

深圳市委市政府对房屋租金上涨现象高度重视，在 2018 年 12 月 26 日召开的六届人大常委会第二十九次会议上，会议提出：深圳市政府对租金上涨现象高度重视，在 2018 年 12 月 26 日召开的六届人大常委会第二十九次会议上提出，深圳将多渠道增加租赁住房供应，力争到 2022 年新增建设筹集各类租赁住房不少于 30 万套，占新增建设筹集住房总量的 50% 以上。城中村机构化租赁带来的租金上涨问题日渐凸显，导致租房人群的生存压力加大，对深圳市人才引进和营商环境建设造成了不良影响，严重背离了发展租赁市场的政策目标。目前深圳市的租赁市场是卖方市场，在案例中的租客、商铺与厂区等承租者处于利益相关者博弈中的弱势，议价能力低，政府需要加强保障承租者的政策建设。

第一，增加住房有效供给。按照我国目前的经济发展水平和房价收入比水平，住房保障应该覆盖中低收入及以下群体，在当前住房市场结构性失衡的情况下，政府首先要增加保障性住房，中低价位、中小套型普通商品房的供给；要依法加快处置闲置房地产用地，对收回的闲置土地，要优先安排用于中低价位住房和保障性住房的建设；引导企业改造为产品多样、层次丰富、价格较低的租赁住房，严防城中村房源规模化改造运营后，造成片区租金投机性上涨。另外，应开展政府、房地产企业和专业化租赁机构的多方合作，在大型工业园区、商业区周围增加经济型公寓，进一步保障承租者的就业和生活。

第二，推动配套政策发展。为了有效释放租赁需求、解决部分群体租金支付能力有限的问题，未来应该推动配套政策的完善发展。首先，完善租赁关系、租赁行为、租赁权益保护的具体标准，制定负面清单制度，从而更好地促进租赁市场健康有序发展；其次，可以进一步放宽承租人租房时的公积金提取额度，探索实施住房租金抵扣个人所得税的政策，加快落实"租购同权"政策，扩大承租者享受公共服务的权利与范围；再次，可以采用金融手段，将"押一付三"的租金支付方式变为每月支付；最后，为了加强对承租人权益的保护，可以建立一个全国性的长租公寓维权服务平台，帮助承租户更好地维护自身利益。只有把这些政策推动起来，市场需求才能更好地跟供给实现对接。

4. 加速规范出租者政策探索

欧美等西方国家制定了相对比较完善的租房保障制度，良好的制度共同维护了承租者与出租者双方的利益。根据资料显示，这些国家的租房管制法严格限定了租房金额，房租不是完全由出租者定夺，房东不但不能随意变更租房合同，更不能随意赶走出租者。当双方出现纠纷时，一切都要按照法律程序进行处理。相对完善的法律法规，最大限度保障了双方利益，承租者和出租者双方没有强势、弱势之分，最终实现承租者安心居住，出租者有利益保障的双赢状态。

第一，发挥基层组织作用。政府部门要建立多部门的联合监管体制，充分发挥街道、乡镇等基层组织作用。一方面要发挥推动政策实施的作用，在政策实施前应该向相关人员进行政策解释，当出租者对政策不理解时，甚至产生抵触政策行为时，应该及时劝导规劝；另一方面发挥好住房租赁管理纠纷调节的作用，当出租者与承租者发生矛盾冲突时，应该做好沟通协调的工作，消除矛盾与误会，谨防矛盾与冲突的进一步扩大与恶化。

第二，规范出租者租金租赁行为。构建稳定的租赁关系，应该在租金、租期、承租人居住权利保障等方面都有明确规定。租赁合同中没有约定租金调整次数和幅度，出租人不得单方面提高租金；除有法律法规规定的正当理由，出租人不得随便解除合同；房东不能轻下逐客令，出租人不得采取暴力、威胁或者其他方式驱逐承租人；建议实行网签制度，对租赁合同备案、统计分析、租金管控加强管理。

思考题

1. 政府为什么要培育和发展住房租赁市场？
2. 政府在培育和发展住房租赁市场过程中应该扮演怎么样的角色？
3. 试用公共管理学理论分析政府培育和发展住房租赁市场中出现政策失灵的原因。
4.. 你认为还可以从哪些方面进一步完善住房租赁市场培育政策？

"互联网+医疗"模式如何提升服务质量?
——以"微信+医疗"平台为例

耿旭

(深圳大学管理学院)

摘要：传统医疗服务模式存在着"看病难""看病贵"等许多痛点及其所带来的就医流程上的诸多不便。近年来，随着社会和科技的进步与发展，"互联网+医疗"模式逐步走进人们的生活。"互联网+医疗"模式通过智能导诊分诊、线上预约挂号、在线问诊、电子病历等人性化的功能，某种程度上降低时间和物质成本，提高了人们的就医效率，提升了医疗服务的质量。微信平台作为国内在"互联网+"医疗服务上的先驱，率先在该领域做出大量改革，并已经在人们生活中得到广泛使用。案例在对微信平台进行深度访谈的前提下，深入分析"互联网+医疗"平台的模式，对国内传统医疗模式及"微信+医疗"模式服务质量进行线上线下问卷调研。最后发现传统医疗模式确实存在挂号时间长、异地就医不便、医患关系紧张等多方面难以解决的问题，而"互联网+医疗"模式在就医便捷性上拥有较大的优势，但由于目前在国内的发展处于起步阶段，仍然需要在功能设计、系统管理等方面进行完善。

关键词："互联网+医疗"；公共危急事件管理；多元联合治理

一、"互联网+"医疗服务:如何异军突起?

(一)传统医疗面临的主要问题

党的十九大报告指出,中国社会主要矛盾已经转化为人民日益增长的美好生活需要和不平衡不充分的发展之间的矛盾。在社会经济快速发展的今天,人们已经不再满足于基本的温饱,而是追求更方便的生活条件、更舒适的生活环境以及更健康的身体状况,这意味着国家要有更加优质的医疗服务。但是,我国社会正在经历的一系列的变化:一是人口老龄化社会的到来。国际上通常认为,当一个国家或地区 60 岁及以上老年人口占人口总数的 10%,或 65 岁及以上老年人口占人口总数的 7%,就意味着这个国家或地区进入老龄化社会。截至 2016 年年底,中国 60 岁及以上老年人口超过 2.3 亿,占总人口的 16.7%;65 岁及以上老年人口超过 1.5 亿,占总人口的 10.8%。2015 年到 2035 年,中国将进入急速老龄化阶段,预计到 2025 年我国 60 岁以上的老龄人口数量将达到 3 亿,2045 年我国 60 岁以上人口将占总人口的 30%[①]。而个体的身体健康水平随着年龄增长而下降,相应的医疗需求迅速增大,老龄化问题将向医疗卫生服务提出挑战。二是疾病年轻化。健康大数据显示年轻化趋势已经出现在各类疾病之中,中国 22% 的中年人死于心脑血管疾病;七成人有过劳死的危险;白领亚健康比例高达 76%;中青年女性易得妇科、心脑血管疾病;中青年男性面临猝死、过劳和癌症等问题;2013 年到 2014 年,35 岁 –46 岁死于心脑血管病的人,中国是 22%,美国是 12%。

然而面对如此巨大的社会需求,我国传统医疗出现供不应求现象。我国的社会医疗需求与供给矛盾长期存在。中国护士与医生的比例是 1.04[②],远低于 OECD 国家的平均水平,规模大但服务人员少,医患比例严重失衡。对比 2009 年到 2014 年床位平均增速,三级医院为 14.7%,二级医院为 6.4%,基层医疗卫生机构为 4.7%。基层医疗资源没有充分利用,医疗

---

① 智研咨询,2017-2022 年中国人口老龄化市场研究及发展趋势研究报告.
② 智研咨询,2017-2022 年中国人口老龄化市场研究及发展趋势研究报告

资源紧缺与分配不均等现象，都是导致医患关系紧张的原因。要有效应对医疗挑战，需要尝试更多的新方法，除了加快医疗卫生改革发展，完善医疗保障政策和制度，还要运用新发展的科学技术，深度发掘互联网的社会服务作用，提高医疗效率，完善健康管理体系。

（二）中国"互联网＋"医疗服务的提出与发展

随着人民生活水平的提高，对信息技术的需求不断增加，推动全球科技革命和产业革命的升级，因而为整个社会创造了"互联网＋"的背景环境。2014年，"互联网＋医疗"进入起始期，许多巨头企业纷纷把目光开始投向"互联网＋医疗"领域，并逐步进入市场，以腾讯入股挂号网、丁香园为代表的投融资事件成为全年"互联网＋医疗"领域的焦点。同时，"互联网＋医疗"平台的功能逐步呈现出多个细分领域，包括问诊、挂号、疾病管理、医疗学术等多个分支。

2015年7月，国务院发布《国务院关于积极推进"互联网＋"行动的指导意见》，其中提到的重点行动包括"互联网＋"益民服务，其中一点为推广在线医疗卫生新模式，支持第三方机构构建医疗信息共享平台，积极利用移动互联网提供在线诊疗、候诊提醒、划价缴费、诊疗报告查询、药品配送等便捷服务，引导开展远程医疗服务。

2016年，互联网医院的出现象征着"互联网＋医疗"企业的创新尝试，互联网和传统医疗行业逐步深度融合，电子报告、电子病历等功能逐步出现，各个垂直领域都在不断发展。

2017年，"互联网＋医疗"体系逐步健全，分级诊疗的同时，医疗资源的整合也在慢慢实现。"互联网＋医疗"在医药厂商、医疗机构、政府、患者、医生等角色之间逐步形成一个生态圈，各个领域之间的融合加深，医联体建设发展迅速，但尚未完全形成一个闭环。用户体验成为了"互联网＋医疗"平台跻身向前的聚焦点，比如CY医生平台，提供在线问诊功能的同时，帮助医院联结药企、保险机构，构建"互联网＋医疗"服务能力；DXY推出付费问诊功能，推动"互联网＋医疗"市场的消费升级。

2018年，"互联网＋医疗"平台的功能同质化明显，用户的选择接近完全自由市场规律，资本雄厚、服务质量高、用户体验好的"互联网＋医疗"平台呈现出更好的市场接受趋势。

（三）中国"互联网＋"医疗服务的发展现状

随着我国经济的发展，居民可支配收入水平的不断提高，互联网的广泛应用和移动电子设备的普及，不仅是人们对待健康的看法发生了变化，消费习惯也慢慢地从线下向线上转移，加之国家"互联网＋"战略的推进落实，中国"互联网＋医疗"的市场规模也日益庞大。根据中国"互联网＋医疗"发展报告（2016）数据显示，2015年"互联网＋医疗"市场规模已达157.3亿元，其中移动医疗市场规模达42.7亿元，增长率为44.7%[①]。目前的"互联网＋医疗"平台，服务主体主要面向于患者及具有健康管理意识的人群，结合技术手段，线上线下相结合，提供全流程的各项服务功能，主要包括就医流程方面、医患交互方面、知识辅助方面、信息管理方面及其他外延服务。一是就医流程方面，以"微信＋医疗"平台为典型，现有的"互联网＋医疗"平台提供了智能导诊分诊、线上预约挂号、医疗费用支付等功能。引入了大数据和人工智能等技术，患者可以在预约挂号前根据提示自查自身的病情程度和就医科室的选择，实现有效的智能导诊分诊；加之目前已有平台通过与政府和保险公司的合作实现社会医疗保险、商业保险和新农合等的绑定支付，在医疗费用报销方面打破了不同单位的边界隔阂。二是医患交互方面，以上HDF为例，主要有问答咨询功能、在线问诊功能、就医反馈功能。除了文字型的交流外，近两年来，随着移动端视频、语音聊天等功能的不断成熟，在线问诊也向形式多样化发展。三是知识辅助方面，以CYYS、DXY为典型，除了健康资讯、还引入了直播课堂等互联网新形式的结合，健康信息的传播增添了新的载体，付费教育的新趋势也为"互联网＋医疗"提供了新的盈利模式。四是信息管理方面，提供了挂号记录、电子病历、电子报告等功能。五是其他外延服务，包括如PAHYS的健康商城，提供在线购买医疗保健产品的平台；

---

① 中国互联网络信息中心，第40次中国互联网络发展状况统计报告

XMSH 等可穿戴设备的健康数据监测报告的自动生成。

二、"微信+医疗"平台服务：从哪些维度进行改变？

（一）"微信+医疗"平台基本情况

"微信+医疗"平台是基于腾讯公司开发的微信社交平台提供的医疗服务。2016年4月，腾讯计算机系统有限公司与深圳市人力资源与保障局签订战略协议框架，探索"互联网+人社"新模式。2016年6月，深圳电子社保卡在微信城市服务上线，南山区人民医院在全国首家上线。"微信+医疗"平台结合微信功能现有的三大基础设施，即移动支付、人工智能、用户连接，提供了就医流程链的全方位功能。

在导诊方面，目前存在 AI 导诊功能，利用人工智能提供诊前咨询、问诊分科的功能；同时，智能客服功能正在研发中，患者可以在线咨询就诊过程中的所有问题，包括科室导航、就诊项目提醒等。

在挂号方面，目前有线上预约挂号、挂号记录查询等功能，患者可以在网上提前选择就诊的科室和医生及就诊时间进行预约挂号，挂号成功后也可以翻查挂号记录。

在问诊方面，目前提供了在线问诊的功能，利用微信生态连接医生与患者，包括医院官方微信公众号的在线问诊板块和医患私人微信的一对一聊天功能；同时，"微信+医疗"平台正在研发 AI 辅诊功能，利用大数据和人工智能技术，比对医院过往病人病情，分析病种病理，作出面向医生使用的结构化的 AI 辅诊系统，在医生问诊的时候作为医生填写电子病历的一个辅助核查准确性的功能。

在检查方面，目前提供了电子报告的功能，患者接受检查服务后可以在"微信+医疗"平台上接收电子检查报告；同时，AI 觅影功能正在研发中，它利用三维图像分析和人工智能深度学习技术，将相同病种的图像进行对比分析，机器学习各种相同病种的发病机理和图像症状，用于患者检查报告图像的智能识别标记，用于辅助医生图像诊断和疾病早筛。

在支付方面，目前提供了在线账单支付、微信自费支付、微信医保支付、微信商保理赔、微信新农合支付功能，患者可以线上使用电子货币支付医疗费用，并可以绑定社会医保、商业保险以及新农合支付，支持多种支付方式。

在治疗方面，目前已研发出药品在线配送功能，患者就医后将实现无须在医院排队等候取药，药品直接配送到患者所需目的地，但目前政策方面未有成文规定，该功能未实现。

（二）"微信+医疗"平台的服务效果

与传统医疗模式相比，"微信+医疗"平台主要从服务信息质量、服务流程质量、服务交互质量和服务管理质量四个方面提升整体医疗服务水平（如图1所示）。为了从公众角度检验效果，本案例通过问卷调查法，采访了在深圳市第六人民医院（南山医院）、南方医科大学深圳医院、中山大学附属第八医院、深圳市中医院和深圳市罗湖区人民医院的就医人员。调查对象的抽取以简单随机抽样原则，采用随机抽样方法，共发放问卷508份，回收问卷500份，回收率为98.4%；其中，无效问卷为21份，有效问卷为479份，问卷有效率约为95.8%。分析结果如下：

1. 服务信息质量评价结果

在线上对医院、科室、医生基本信息的了解方面，有52.92%的受访者表示满意，有30.15%的受访者表示一般，只有0.31%的受访者对这个功能表示很不满意；在线上查看住院信息方面，满意程度在满意及以上的受访者比例占到56.07%，感觉一般的比例为38.49%，只有5.44%的受访者表示不满意或很不满意；在健康资讯方面，有超过九成的受访者满意度在一般及以上，比例高达96.23%。上述数据表明，在"互联网+医疗"平台的服务信息维度方面，大多数人对这个维度的功能模块满意度较高，说明这个维度的功能模块贴近患者的就医需求，并且发展较为完善，很大程度上可以满足目前的就医需求，适应当下的就医环境。

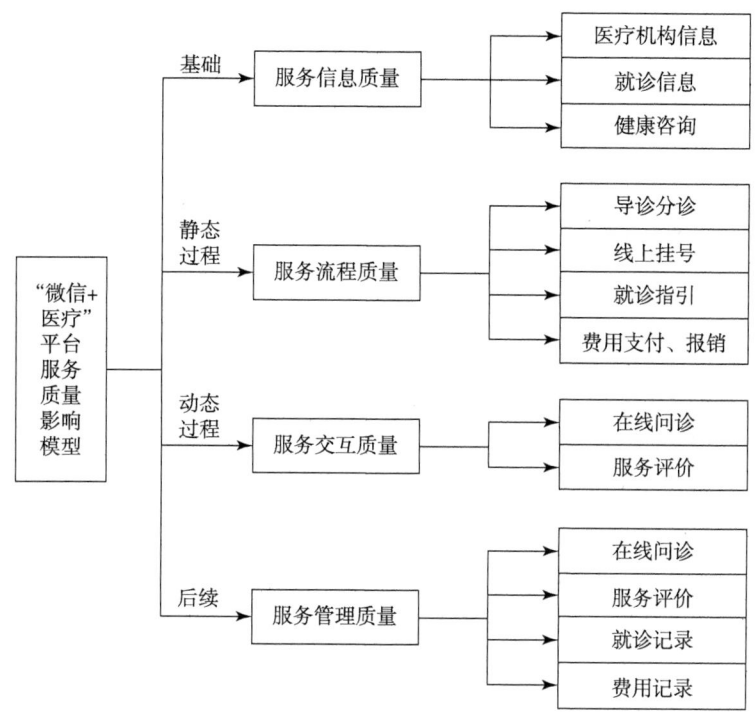

图1 "微信+医疗"平台改善服务的四个维度

2. 服务流程质量评价

在医保卡的绑定、智能导诊分诊、就诊指引三个方面，表示满意的受访者的比例都在50%左右，表示一般的占到了35%左右，表示很满意的不超过10%，这些可以说明，尽管这几个方面的满意度较高，但还远远没有达到特别高的满意程度，这些功能模块可以进一步完善并改进的空间仍很大。

在线上预约挂号、在线账单支付、线下扫码支付、微信自费支付四个方面，受访者的满意程度在满意及以上的比例普遍偏高，比例分别为75%、81.39%、79.25%、80.97%，说明这几个方面不仅使用频率高、用户量大，在功能模块的设计上也更加贴近目前的就医需求，系统较为完善，提升空间不大。而在微信医保支付、微信商保理赔、微信新农合支付三方面的比较中可以看到，微信医保支付较其他两种支付方式的推广普及度更高、运用情况更好，得到用户更多的肯定，发展前景更好。其他两种支付方式由于推广不够、使用率不高，导致很多有这些方面需求的患者没有得到"互联网+医疗"平台的帮助，他们的就医支付的便捷性没有因为"互联网+医疗"平台的出现而得到缓解。

3. 服务交互质量评价

目前，有关这个维度的功能模块很少，说明患者和医生之间的交流沟通渠道匮乏，这也是导致医患关系紧张的一个主要因素。因此，对这个维度的功能的开发和设计是未来"互联网+医疗"平台需要重视和前进的方向，也就是说，未来"互联网+医疗"的发展应该更多地聚焦于医患之间的互动和信任。

在线问诊方面，有49.67%的受访者的满意程度是一般，有28.62%的受访者表示满意，表示不满意的受访者比例达到12.1%，高于表示很满意的比例7.24%；这一现象说明，在线问诊这一功能模块目前的发展和使用现状并不乐观，一方面可能是由于在线医生的注册数量少、验证难度大，另一方面可能是存在线上问诊本身具有较大的不确定性、诊断依据少等问题。

在就医反馈方面，满意程度情况和在线问诊类似，这就进一步表明，当前医患之间的主要交流只停留在医生问诊阶段，患者对于自身病情的后续发展知之甚少，而医生对患者病情的后续把控更多只是流于形式，这些都不利于患者的康复，也可能会使患者迁怒于医生，从而引发新一轮医患问题。

4. 服务管理质量评价

在该维度的所有指标中，挂号记录查询的满意程度最高，表示满意及以上的比例达72.72%。不满意及以下的比例只有1.56%；在电子检验/检查报告方面，有51.91%的受访者表示满意，有17.20%受访者表示很满意，有4.78%的受访者表示不满意；电子病历和在线查看住院费用清单这两方面的情况十分相似，表示满意及以上的受访者均超过半数，比例分别为60.60%、58.07%，表示不满意及以下的比例分别为6.06%、4.64%。这些数据表明，受访者对这个维度的满意度较高，"互联网+医疗"平台对用户就医资料的保存和存储等管理系统完善度高，这可能与当前云计算存储、大数据管理等技术的高速发展有关。

对各个维度的各个指标满意度进行算术平均数的计算，再算出各自的百分比，可以更加直观地对 4 个维度的服务质量评价进行对比。如图 2 所示。满意程度最高的是服务管理质量维度，表示满意及以上的受访者比例为 64.9%，之后是服务流程质量维度；满意程度最差的是服务交互质量维度，表示不满意或很不满意的受访者比例为 12.39%。

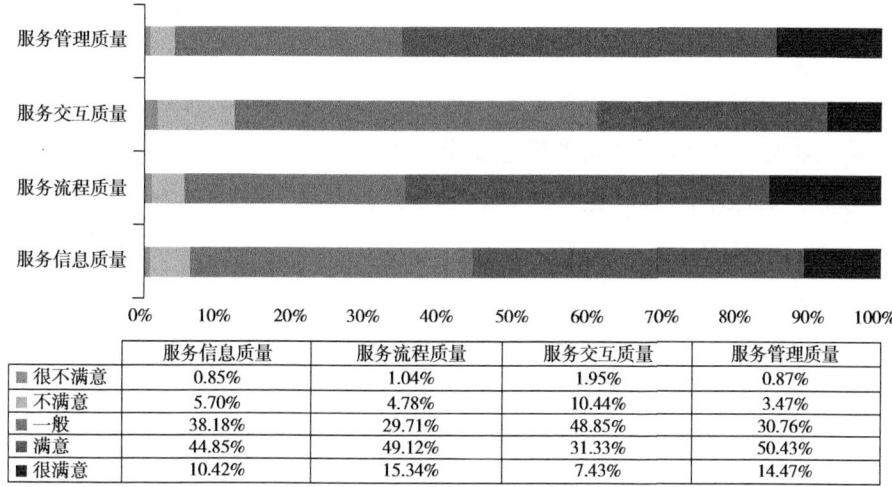

图 2　服务质量评价图

上述数据表明，在服务管理质量维度，患者的满意度较高，说明互联网能为患者有效记录医疗相关信息，且方便其获取查看这些信息，从而对自我健康进行更好的管理。在服务交互质量维度，患者的满意程度大多数集中在一般，即患者对该维度的功能不够满意，说明互联网虽然在技术层面对就医便捷性有一定的提升，但是却仍然没有办法改变医护人员的服务态度，同时，不能有效拉近医患之间的距离，在消除医患沟通障碍方面仍然没有发挥"互联网 + 医疗"平台的优势。在另外两个维度，尽管满意度较高，但对不满意的情况不能视而不见。因此，在服务流程和信息方面，"互联网 + 医疗"平台还有一定的提升空间。

三、"微信 + 医疗"平台服务的问题：技术一定就是完美的？

不可否认的是"微信 + 医疗"平台通过"互联网 +"技术确实改善了

服务质量，但也存在很多问题。

（一）服务信息质量方面的问题

1. 医患信息不对称。看病难、看病贵的现状，主要源自于就诊时患者的信息全部源自于医生的告知。从病症病因、治疗方法的选取、药方的选择，都来自医生单向的信息提供，治疗方案的大部分决定权都在医生身上。医生作为医疗信息掌握的优势方，使得目前就诊环境下，患者处于相对被动的地位，导致了医生在开药方时从中抽成获利、向患者推荐贵的治疗方案利润分成等灰色地带的出现。患者作为服务信息掌握的弱势方，对医生的依赖性非常强。一方面，容易出现被"无良医生"欺骗、不必要情况下购买医疗服务或药方等情况；另一方面，患者对医生选择的治疗方案不理解，容易导致医患关系紧张。

2. 医疗机构信息不完善。微信平台的医疗机构信息提供主要包括医院公众号接入、科室简介、医生职称、医生专业特长、医生线上接诊人数等方面。但仍存在着部分医生没有个人简介和部分医疗机构没有介绍的情况，医院对信息上线的传播度也不够。

3. 健康资讯渠道、形式单一。虽然健康资讯的调查结果显示，比例高达 96.23% 的受访者表示满意度在一般及以上，但在问卷调查过程中，有一位青年受访者提到，目前健康资讯的形式很单一，用户接触到的健康资讯，主要源自于医院公众号地提供，健康资讯、健康教育的功能来源渠道单一，形式也主要局限于图文型的健康知识文章。对比竞争产品在健康资讯方面，现有直播课堂、视频课程等形式，采用了现今新的传播载体，形式更加丰富。

（二）服务流程质量方面的问题

1. 费用支付报销功能未成熟、普及程度低。在问卷调查过程中，有数位受访者指出，"微信医保报销功能个人用户绑定流程复杂易错"存在"在有商保的情况下未发现商保报销方式的情况"。医保形式多样，如城镇居民医保、少儿医保等，现有的医保报销功能还没有支持现有的全部医保形式。问卷调查结果显示,未使用微信商保理赔的人群高达32.63%,微信新农合支付的未使用人群占受访者的37.16%。商保理赔、新农合支付的报销方式普及程度相对较低。

2. 挂号系统存在漏洞。有多名在某医院儿科就诊的受访者指出,挂号变成线上预约后,挂号难度依然很大,存在"黄牛"抢号卖号的情况。由于系统的设计功能漏洞,使得不法分子有机可乘,反而增加了医疗服务流程上的不便。

3. 没有解决医疗资源供不应求的根本问题。医疗流程的进步免去了患者线下排队、交通不便等的麻烦,但对于医院而言,不管是传统还是互联网+医疗模式的使用下,医生每天问诊的患者接踵而至,对医院而言,服务流程并没有得到缩减和改善,医疗资源的分配紧张的情况基本没有得到缓解,效率也维持在原有水平。

(三)服务交互质量方面的问题

1. 评价体系不完善、普及程度低。就诊前,患者目前可以在微信平台上了解到医院的评分。微信平台上的评价功能只有医院整体评分,而评价指标只有"办理成功率""号源信息准确性""操作复杂性""页面打开快慢""登录方便程度""号源数量"6个指标。而深圳市医院的评价体系中,参与评价的人数,均不高于20人。评价体系普及程度低,评价指标粗略,文字性叙述的评价不被显示,导致评价体系的参考程度低。大部分患者无法全面了解到医院、科室、医生等医疗服务的实际情况,只能通过诊后个人小范围地对外传播,或者从身边的亲友获知部分医生的评价。

2. 在线问诊机制未完善。在线问诊功能相对缺乏,患者在线问诊的使用程度很低,目前微信平台的在线问诊主要出现在由微信平台间接、医院直接提供的医院公众号功能及医患私人微信号的联系沟通中。在医患私人号沟通方面,缺少监管,受教育程度相对较低的用户难以辨别医生的真实性、权威性。

3. 诊后医患联系较少。目前微信平台在患者诊后随访跟踪阶段的沟通功能相对缺乏,诊后康复的过程中,医患沟通的内容大部分为语言上对病情基本状况的了解,但基本形式为线下,而医患的跟踪随访,往往是很重要的一个阶段,现有结合微信平台的诊后医患沟通功能较少。

(四)服务管理质量方面的问题

1.服务记录不互通,同步范围小。目前的患者就医记录、电子病历、电子报告等服务信息管理都记录在特定范围的医疗系统平台,例如医院自身的信息管理系统,大部分都只面向单家医院内部开放信息录入、储存和提取。这种碎片化的服务管理形式,既不对患者开放,也不对其他医疗机构和组织同步开放,这导致了患者的就医记录碎片化,在跨医院治疗尤其是异地就诊的时候,容易出现医疗服务记录不完整不连贯。

2.医疗服务记录信息安全存在隐患。服务记录的管理缺乏政府等医患之外的第三方主体进行监管,安全性和保密性难以保证,在服务记录信息管理上容易出现患者个人信息泄露的情况,而且无法追溯信息泄露的源头。

四、"微信+医疗"平台服务的改进:走向更加成熟的模式

(一)打破"政企医"边界隔阂,整合医疗信息资源

在保证信息安全的前提下,打破政府、医院、互联网+医疗平台企业等主体的边界隔阂,完善个人信息管理系统,促进信息共享进程,将患者个人病历、电子报告等信息储存于网络中。对医院而言,可以提高患者就诊效率,医生可以更全面了解病人身体状况,提高医生看诊确诊的准确性。对政府而言,可以准确监管医疗服务的安全性,有源可溯、有据可依。对患者而言,可以提高医疗服务管理质量,在储存、提取、查看行为上提高便捷度。医疗保险报销、商业保险理赔、新农合支付等支付方式线上化的推进缓慢,主要源于政企医三方的边界隔阂,打破边界隔阂,加强合作沟通,有利于将合理的线上医疗费用报销机制健全化,提高服务流程在支付方面的效率和质量。

（二）医疗服务市场化，构建公开透明的评价体系

将医疗服务的评价市场化，类比于"大众点评App""淘宝App"等，学习市场化商品的评价功能，建立适合医疗服务的评价体系。患者在诊前可以查看医院、科室、医生的具体分数评价，根据患者反馈的评价内容和院方提供的简介信息，选择合适的医生接诊；诊后可以对就诊服务质量进行多维度的评价，实现就医服务的反馈。使用公开透明的评价体系，可以记录就诊患者对医生、科室、医院的真实评价，增加患者选择的余地，有利于内化医院、科室、医生的服务质量提升。

（三）丰富健康资讯传播形式，提高民众健康管理意识

随着媒介的多样化，直播、视频、H5等丰富的传播载体逐渐进入人们的视野，给予了民众娱乐化的信息载体，结合新型的传播方式开展健康资讯的传播，有利于开展健康教育。"互联网+"平台发挥其在传播正确健康资讯的积极作用，以官方渠道发布健康资讯，提高民众健康管理意识。

（四）建立健全监管制度，保证医疗服务管理安全性

在医疗服务信息记录管理方面，政府、第三方评估机构等担任监管角色，注重个人隐私的保护。明确不同医疗机构和不同组织形式的权利和责任，做到权责分明，界限明确。结合区块链技术，对个人信息泄露行为有源可溯、有据可依，并对泄露个人隐私相关行为作出刑事、行政处罚。建立健全监管制度，对服务信息的安全保密性加强监督。

（五）提高平台系统优化意识，结合新技术促进功能升级

平台本身要时刻保持旺盛的活力和活跃的氛围，需要拥有危机意识，要跟随时代的发展潮流甚至是打造平台潮流，定期进行用户调研和用户数据分析，对平台系统不断进行优化改进，这样才能提升用户体验，在保持用户黏性的同时，利用"互联网+"技术为用户的就医活动提供人性化服务。对现有功能完善优化的同时，也要进一步开发基于用户需求的新功

能，例如：目前"微信+医疗"平台正在开发的AI觅影功能，该功能主要是面向医院内部，通过AI的深度学习能力，对患者的医学图像进行智能识别，供医生参考进行疾病早筛和预防。如果该功能在医院内部成功推广，并在达到一定准确度之后，逐渐向用户开放，特别是在一些小型疾病方面，患者可以在家进行自查，并根据推荐到附近药房购买非处方药达到自治的目的，从而从根本上缓解线下医院的就医压力。

（六）落实分级诊疗制度，推进医联体的互联网建设

医联体的建设指的是将集中于一个区域内的三级医院与二级医院、社区医院、村医院组成一个医疗联合体。"互联网+医疗"模式也应结合新政策新趋势，落实分级诊疗的宣传推广和功能接入，构建分级医疗、急慢分治、双向转诊的互联网诊疗模式，促进分工协作，合理利用资源，方便群众就医。将"互联网+医疗"模式引入到二级医院、社区医院，甚至村医院，走入基层，面向大众群体，将"互联网+医疗"模式推广到更多的医疗机构，提高人民总体医疗服务质量。

思考题

1. 简单评价"互联网+"医疗服务与传统医疗服务模式的差别。
2. 思考"互联网+"能否带来治理限度和伦理难题，如何化解？
3. 思考"好"的医疗服务质量标准是什么？技术能否真正实现？

新住房政策导向下深圳市公共住房建设政府与企业合作案例分析

——汇邦·名都花园项目

梁雨晴

(深圳大学管理学院公共管理系)

摘要：汇邦·名都花园项目作为深圳市福田区保障性住房供应的最大项目，位于深圳市宝安区石岩镇水田村德政路，由汇邦（深圳）置业有限公司与中城建控投股集团共同缔造。属于政府与市场合作共建的一个保障性住房项目典范。在政府与市场合作的过程中，体现了各方利益主体通力合作，对于探索政市合作，进行新型保障性住房建设方面提供了有益的思路。

关键词：保障性住房；政府与市场；合作共建；协商

如何合理划定政府与市场之间的界限一直是关系我国深化改革和经济发展的重要问题。自20世纪90年代住房市场化改革以来，我国在住房领域一直坚持市场化的政策导向。然而，这一政策使得住房日益发展为具有投资属性的产品，导致的高房价成为中国经济领域突出的问题之一。过高的房价容易导致引发资产泡沫、加大金融风险、扩大贫富差距等一系列问题的产生。如何防止房地产过热是摆在当前各地政府面前的现实问题。面对日益严峻的问题，十九大报告中提出"房子是用来住的，不是用来炒的。"政策定位。深圳作为我国四大一线城市之一，面对近年来迅猛高涨的房价，住房供需矛盾进一步凸显。在此背景下，深圳市政府大力推行保障性住房的建设，在最新出台的以《深圳市人民政府关于深化住房制度改革加快建立多主体供给多渠道保障租购并举的住房供应与保障体系的意见》（深府规〔2018〕13号）为核心的系列文件中指出：在住房供应结构和比例方面要将人才房、公租房、安居房和商品房的比例定为2∶2∶2∶4，保障性住房供应比例首次超过商品房。这一比例彻底颠覆了过去30年以商品房销售为主的住房供应体系，住房回归民生属性摆在了更加突出的位置。为实现这一目标，深圳市政府充分调动市场力量和资源参与公共住房建设，以期达到企业、政府、市民三方共赢的局面。如何调动市场的积极性参与到政府公共住房建设中去，汇邦·名都花园项目为我们深入了解新的住房政策下政府与企业合作共建公共住房模式提供了生动而典型的案例。

一、我国住房政策调整背景

近年来，随着经济发展和城镇化的快速推进，城市间和城乡间的人口迁移规模逐年增大，根据4个一线城市发布的《2018年国民经济和社会发展统计公报》，北上广深的常住外来人口比例已分别达到35.5%、40.3%、37.8%、65.1%，详见表1。庞大的外来人口对于迁入城市的经济建设发展起到了至关重要的作用，但也造成了各城市的住房问题。尤其是随着人口的迅速增长，各大城市住房供需矛盾进一步突出，房价的快速上涨使得中低收入家庭购房能力逐年下降，买不起住房的人越来越多，住房形势十分严峻。

表1 2018年一线城市外来人口比例[①]

	常住人口（万人）	非户籍常住人口（万人）	占比
北京	2154.2	764.6	35.5%
上海	2423.78	976.21	40.3%
广州	1490.44	562.75	37.8%
深圳	1302.66	847.97	65.1%

① 数据来源：北京、上海、广州、深圳市2018年国民经济和社会发展统计公报

以上海为例，随着经济社会发展和新型城镇化推进，房屋自住和改善型需求依然较强，中低收入户籍家庭和非户籍常住人口中青年人才的居住矛盾比较突出，而这部分人群本身住房支付能力比较差，随着房价的进一步上涨，其支付能力进一步下降。根据上海易居房地产研究院发布的《上海2018年度房地产市场报告》显示，2018年上海新房成交均价为53432元/平方米，同比上涨11.5%。2007年至2018年，上海房价整体呈现上升的走势。根据相关报道，有市民表示，在淮海路看中的房子定价为400万元，3天内从400万元涨至430万元，目前仍不卖，房东要等下周过后再定价。而一些学区房的房价，一年内涨了100万元，比过去几年翻了一倍都不止[①]。

而北京市作为我国的首都，也是四大一线城市之首，其流动人口增长速度和增长规模远远超过其他城市，人口迅速增长也使得住房问题更加突出。从北京市的住房供给情况来看，现有的住房市场上针对中低收入流动人口的住房供给严重不足，并且由于户籍等因素制约，这部分人群也游离在政府的住房保障范围之外；同时高额的房价使得大部分"北漂一族"因无法很好地解决住房问题而继续"漂泊"，根据安居客数据显示，北京市今年5月份的新房均价为42091元/平方米，环比上月增长2.34%[②]。也就是说，即使是一个30平方米的房子，平均售价也在130万元左右。并且由于北京市教育等资源的紧缺也使得房价进一步抬升，好的地段或者好区位的房子，其房价被炒得相当高。

与此同时，其住房市场的租金也在持续上涨，根据贝壳研究院相关数据显示，2018年的前7个月，北京市场平均租金为86.4元/平方米/月，略高于上一年的同期水平，7月租金环比涨幅为2.6%。剔除不可比因素，2018年的前7个月，租金指数同比上涨10.7%。而《中国经营报》记者也在北京多个区域走访了解到，随着毕业季租房高峰期的到来需求大增，各个区域房租出现不同程度上涨。北京房地产中介行业协会秘书长赵庆祥也表示，据不完全统计，目前北京有超过800万人租房居住，但租赁住房供应只有160万套左右，租赁住房总量不足，大量流动人口租住在城中村，

[①] 数据来源于上海搜狐焦点 https: //sh.focus.cn/zixun/7625ef2b1ac73ff7.html
[②] 数据来源于凤凰新网 https: //baijiahao.baidu.com/s?id=1634767718911303873&wfr=spider&for=pc

供需关系紧张,租金呈持续稳步上涨势头①。如此高额的房价以及大幅上涨的租金,不仅使得北京居民不堪重负,而且大部分在京工作的外来人口只能继续"漂泊",难以解决住房问题。

作为四大一线城市中位于最南方的两个城市,广州和深圳同样也各自面临着不同程度的住房问题。首先是广州市,其作为一个经济发展快速、外来人口众多、人口构成复杂的大城市,面临着十分严峻的住房形势。根据安居客所发布的数据来看,2018年广州市的房价总体处于上涨阶段,更是在9月以33455元/平方米达到了顶峰,尽管后面3个月有所下降,但依旧保持在32000元/平方米的水平,而广州市民平均月薪也才8603元②,购房压力十分大。广州市市长更是公开强调,现阶段房价偏高、增长偏快已经成为群众关注的焦点之一,住房问题已经不单纯是一个经济和社会问题,更是一个政治问题。除去房价偏高,广州市的住房租赁市场情况也不容乐观。由于数量众多的外来人口所产生的旺盛的住房租赁需求,2018年广州市全市监测点住宅租金水平尽管上涨幅度有所减缓,但依旧呈现上升趋势,租金水平为53.12元/平方米/月,同比上涨1.32%③,租客们面临日益增加的住房压力。

而深圳市作为一个典型的移民城市,其住房供需矛盾更是随着外来人口的增长和房价的飙高而日益突出。深圳市的房价,从2006年不到1万元/平方米,到2016年的5万多每平方米,十年整整涨了490%,涨幅居国内各大一线城市之首,而2006年深圳平均工资不过2926元,到2016年深圳平均工资为8525元,十年间工资只上涨了190%,工资涨幅远远比不上房价涨幅,各阶层人群的住房支付能力进一步下降。深圳市不仅面临着住房供需矛盾突出,还面临着土地资源稀缺、各区住房供需不平衡、结构不合理、保障不充分等问题。从现行住房制度来看,其已难以满足广大市民对改善住房条件以及深圳实施人才强市战略的需要。

从我国北上广深四个一线城市住房情况来看,目前我国大中城市受供

---

① 数据来源于搜狐新闻 http://www.sohu.com/a/248604910_610793
② 数据来源于广州本地宝 http://gz.bendibao.com/news/20181012/content244844.shtml
③ 数据来源于腾讯网 https://new.qq.com/omn/20190117/20190117A0W6ZX.html

求关系及其他因素影响，房租与房价仍然大概率保持涨势，且存在住房租赁需求旺盛，但租赁房源却总量不足、市场秩序不够规范、政策支持体系仍不够完善等众多问题，并且受高房价、高租金、房源不足等这些问题的影响，中低收入阶层无法很好解决居住问题，因居住成本过高也可能造成人才外溢，危害城市进一步发展等不良局面，总体来说我国大中城市的住房状况普遍不容乐观。

在此背景下，2017 年成为了中国住房基本居住属性的"回归之年"，2017 年 10 月 18 日，在十九大报告《提高保障和改善民生水平，加强和创新社会治理》中习近平强调："要坚持房子是用来住的、不是用来炒的定位，同时加快建立多主体供给、多渠道保障、租购并举的住房制度，让全体人民住有所居。"全国多个城市先后出台了相关政策来响应十九大报告，如广州市发布《广州市加快发展住房租赁市场工作方案》，在全国范围首次提出了保障"租购同权"；北京市发布《北京共有产权住房管理暂行办法》，正式宣布全面实施共有产权住房制度；上海提出"十三五"新增供应租赁住房 70 万套计划等，这些都表明了住房的时代口号正在转变。

在此背景下，深圳市在 2018 年 8 月 3 日发布的《深圳市人民政府关于深化住房制度改革加快建立多主体供给多渠道保障租购并举的住房供应与保障体系的意见》（以下简称《意见》）中首次将保障性住房与商品住房比例调整为 6：4，这一比例彻底颠覆了过去 30 年以商品房销售为主的住房供应体系，把住房民生属性摆在更加突出的位置，将大背景要求下"房住不炒"和"住有所居"的民生价值导向体现得淋漓尽致。并且在众多探索住房基本居住属性回归的城市中，深圳市是唯一一个将保障性住房比例超过商品住房的城市，无疑显示了其作为改革先锋城市对于这次住房改革的决心。

二、深圳市新型保障性住房筹建模式

伴随着三十多年的快速发展，深圳市人口急剧膨胀。根据深圳市统计局最新发布的《深圳统计年鉴 2018》数据显示，截至 2019 年 3 月 2 日，深圳常住人口持续净流入为 61.99 万，伴随着人口持续净流入带来的是更多的住房需求。而与此同时深圳市土地资源却十分紧缺，土地资源稀缺依然是制约全市住房保障发展的重大瓶颈。全市新增用地即将耗尽，根据土地利用总体规划（2006-2020），到2020年规划期末新增建设用地规模仅为8平方公里[①]。人口的持续净流入与土地资源的紧缺使得深圳市面临日益突出的"商品住房价格上涨过快、保障性住房供需结构不平衡、保障不充分"等问题。为此，深圳市政府在积极响应中央政府号召，一边加大保障房供应力度，将保障性住房与商品住房的比例调为6：4的同时，一边积极创新保障性住房筹建模式，其中配建便是一种有助于在土地资源有限的情况下，利用市场力量去完成部分保障性住房筹建的很好的形式。

而近年来，深圳市保障性住房的配建比例也在不断提高，在2017年深圳市政府发布的《关于加强和改进城市更新实施工作暂行措施》的通知里明确提高人才住房、保障性住房配建比例，拆除重建类城市更新项目改造后包含住宅的一、二、三类地区[②]的人才住房、保障性住房配建基准比例分别由12%、10%、8%提高至20%、18%、15%，其中属于工业区（仓储区）或城市基础设施及公共服务设施改造为住宅的核增比例由8%提高至15%。而拆除重建类城市更新项目改造后包含商务公寓，位于《配建规定》确定的一、二、三类地区的，建成后分别将20%、18%、15%的商务公寓移交政府，作为人才公寓[③]。具体配建情况如表2所示。

表2 人才住房、保障性住房配建基准比例表

类型	一类地区	二类地区	三类地区
城中村及其他旧区改造为住宅	20%	18%	15%
旧工业区（仓储区）或城市基础设施及公共服务设施改造为住宅	35%	33%	30%

---

① 数据来源于《深圳市住房保障发展"十三五"规划》

② 保障性住房配建比例的一类地区主要是指福田—罗湖、南山—前海、宝安、盐田、光明新区、龙华区、坪山区、大运新城等城市主、副中心和规划以研发办公功能为主的重点产业园区内，并位于已建、在建以及国家发改委批复的近期建设的城际线和轨道站点1000米覆盖的地区。二类地区是指除一类地区之外的城市主、副中心区，规划以研发办公功能为主的重点产业园区，和已建、在建以及国家发改委批复的近期建设的城际线和轨道站点1000米覆盖地区。三类地区是指一、二类地区和基本生态控制线以外的所有陆域地区

③ 数据来源于2017年1月17日深圳市人民政府办公厅发布的《深圳市人民政府办公厅印发关于加强和改进城市更新实施工作暂行措施的通知》

值得注意的是：在新的房地产政策导向下，传统地产商作为市场经济的主体之一如何继续维持其生存和盈利，政府又怎样调动市场的力量参与保障性住房建设，实现有效的公共住房的供给是影响该项新政能否持续的重要因素。

三、汇邦·名都花园项目案例介绍及分析

深圳市汇邦·名都花园项目的模式是由企业出让土地、进行项目建设，政府出资、提供配套建设来完成。其中该项目70%属于公共住房，产权归政府所有，由政府分配。30%属于商业公寓，由项目开发商按照市场原则进行营运。这一项目属于典型的新型住房政策下政府与市场合作建设公共住房模式。

（一）汇邦·名都花园项目建设概况

汇邦·名都花园项目作为福田区保障性住房供应的最大项目，位于深圳市宝安区石岩镇水田村德政路。该项目由汇邦（深圳）置业有限公司与中城建投控股集团共同缔造。

汇邦·名都花园项目占地115393.19平方米，总建筑面积819062.38平方米。其中住宅建筑面积440950平方米，商业建筑面积71000平方米，办公建筑面积49280平方米，商务公寓建筑面积39700平方米，公共配套建筑面积16500平方米，架空和绿化、避难层套建筑面积35595.53平方米[①]。项目共计17栋，共9317套住房，其中7781套为石岩（福田）公共住房，占住房总套数的83.5%。1536套为办公公寓（汇邦自有物业），总车位为4255个，规划有两所幼儿园每所幼儿园有18个班，共计1080个学位，还有一所九年一贯制学校2020个学位。该项目地块一共6栋楼，其中1栋为办公公寓，5栋为石岩（福田）公共住房2050套，并含4500平方米牛鲜街市。

---

① 以上数据来源于汇邦·名都花园项目于2018年11月26日汇报时所提供数据

(二)汇邦·名都花园项目政企合作模式简介

汇邦·名都花园项目属于政府的保障性住房项目。其中,政府充当着实际出资方以及配套设施提供者;企业则提供自有土地,并同时是项目承建者。汇邦·名都花园项目成为典型的政企合作模式。双方在此项目中的角色及关系如下图所示:

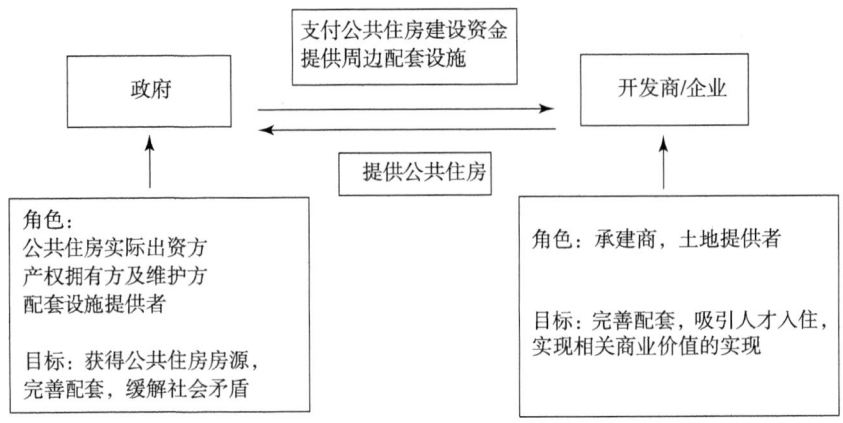

图1 汇邦·名都花园项目政企合作模式示意图

1. 企业

汇邦作为企业,在该项目中承担了传统开发商的建设工作,负责整个项目的建设。此外,汇邦同时是项目建设用地的土地实际提供者。汇邦项目用地原本是由开发商于早年拍得的工业用地,但是随着近年深圳地价猛涨,工业纷纷搬离深圳。而深圳市人口不断涌入致使住宅用地供给越来越紧张,因而根据环境变化有效利用土地,在市政府的相关政策下将该工业用地用途改变为公共住房用地的方式提供该项目所需用地。

汇邦不仅提供相应的用地,而且负责整个项目的规划和建设,包括幼儿园、学校、商业配套等。公共住房的建设对于开发商来说盈利空间并不算很高,但是该项目中有30%为商住公寓,可由开发商进行市场买卖,此外,人员全部入住后,配套的商业项目也可以为开发商带来相应的持续利润。因此,开发商具有足够的动力参与此类项目的开发和建设,在此项目中开发商作为市场主体,除了进行良好的规划和房屋建设,同时积极参与推动政府提供相关配套建设，以保证该项目的整体质量。

2. 政府

汇邦·名都花园项目本属于政府的保障性住房项目，政府在此项目中是实际出资人及配套设施提供者。具体来看，政府在此项目中是保障性住房的购买方、使用方、产权拥有方及后续管理维护方。该项目建成后可很好地缓解公共住房供应紧张现状，使得本市居民居住问题得到改善，有利于深圳市公共治理环境的改善。对于当地政府来说，有助于其职能的实现和优化。此外，从政府的角度看，该项目还能够缓解用地紧张（土地属于企业）；并且从长远来开，政府便可提供足够多的保障房，特别是人才房，作为吸引企业入驻的优惠条件。为此政企合作完成保障性住房项目建设对于各区政府尤其是本身土地资源紧缺的区政府来说吸引力尤其大。

政府除了负责本项目建设的资金支出，也负责住房配套设施的建设。而配套设施的便利度与完善程度影响项目落成后的实际入住率。很多城市将公共住房建在远离市中心，交通不便，配套不完善的城市郊区，结果使得此类公共住房如同鸡肋。由于生活极度不便利，出行成本高等问题，许多符合资格的市民也不会选择去居住，结果，公共住房供需矛盾没有缓解，而公共资源则出现浪费、闲置。因而，在公共住房建设中需要事先考虑相关配套设施建设问题。在此项目中，政府则负责提供周边配套，包括学位、交通，帮助解决项目建设中的排污问题等与市政相关的事宜。具体包括：

① 市政基础设施建设。项目所在区的道路、交通、污水排放管道规划建设、用电用水等。

② 提供九年制义务教育学位。负责提供项目配套的九年一贯制学校的学位。

③ 协助停车位的用地提供。

值得注意的是：在此项目中，由于项目是否能够吸引足够多的人员入住对于企业的项目利润实现与否至关重要，企业与政府呈现趋同的目标导向，提供较为便利的配套设施，甚至企业在推动此项工作中呈现的积极性更高。

从汇邦·名都花园项目的建设来看，即使保障房建设比例远远超过了商品房的建设比例,但只要市场有利可为,企业依旧有参与政府保障性住房项目建设的动机。为此,促成政企双方合作的关键点在于双方是否能合作获利。而名都项目企业与政府乃至公众均可从该项目的建设中获得相应的利益,这一点值得学习借鉴。

结束语:如何合理、有效地进行住房产品的供应是考验地方政府治理能力的一个重要事项。住房的供给和分配不仅要考虑效率问题,还要兼顾公平。而相应地,住房问题也会影响经济发展和居民的幸福指数,因而牵涉广泛,处理起来颇为复杂。深圳作为改革开放的前沿,其探索实践对于我国其他地区的发展具有重要的意义。

本案例中,深圳市政府随着城市经济的快速发展变化,在符合城市规划条件的前提下,支持企业将自有工业用地转为公共住房用地,以应对剧增的民生建设需求。该保障房项目留有30%的比例给企业用来建设商业公寓,激发企业参与此类项目的动力,企业、政府的目标进而部分趋同,即提供更加优质的公共住房及配套措施,而普通市民则从中可以获得更加优质的住房体验,实现多方共赢的局面。

思考题

1. 政府在住房市场政策制定上如何平衡效率与公平?
2. 简述该案例中深圳公共住房建设中政府和企业的角色。
3. 简述该案例中深圳公共住房建设中企业参与的动力机制。

政府寻房记
——深圳多模式开辟保障房房源的故事

曾锡环，陈珊珊

（深圳大学管理学院公共管理系）

摘要： 改革开放以来，深圳社会经济与产业发展迅速。截至2018年年底，深圳常住人口约1400万，GDP总量过2万亿元，超过广州、香港各自的城市GDP总量。

深圳土地面积狭小，陆地占地面积1997.27平方公里。随着经济高速发展，深圳率先遭遇空间资源约束瓶颈。截至2017年，深圳全市已建设用地996平方公里，剩余开发的土地面积不足20平方公里，土地资源非常紧缺。

深圳市是一个高速发展的人口流入城市，常住人口的增加，伴随的是不断激增的住房需求。土地资源紧缺与住房需求增长之间，构成深圳最为棘手的供需矛盾。

如何通过存量用地的开发释放土地潜能、建设保障住房、破解发展瓶颈、实现经济社会可持续发展，是摆在深圳市政府面前的一个重要课题。

本案例讲述的是深圳市政府不断创新模式开辟保障性住房新来源的故事。其由若干个小故事构成：

小故事1：南山大冲村拆旧重建开发房源故事——南山高新区边的大冲村，通过从城中村农民私建旧屋的城市更新中开辟保障房，为周边高新技术人才提供居住用房。

小故事2：利用成片郊野空地开发房源的龙悦居故事——深圳市政府选取地处原关外的龙华区郊野山头荒地，规划用作建设大型保障性住房龙悦居。

小故事 3：TOD 模式开辟保障房源的龙海家园故事。TOD（transit-oriented development）模式，是以公共交通为导向开发居住家园的模式。深圳市政府充分集约利用土地，在前海的地铁上盖建大型保障房龙海家园。

小故事 4：城中村综合改造模式开辟保障房源的柠盟公寓故事。大拆大建的城市更新，拆建成本巨大，推高房价。2017 年开始，深圳政策转向支持品牌房地产企业租用城中村的成片"农民房"，综合改造为价格亲民的"长租公寓"，这是一种颇具深圳特色的房源开发新模式。

小故事 5：跨城开辟房源的深耕村故事。深耕村位于深汕合作区①，深圳市政府通过"产业+保障房"模式建设深耕村，解决合作区的产业工人用房。

为了解决不断增长的市民住房居住需求，深圳市不断创新，推动土地与住房制度改革，探索保障房房源开辟新途径。深圳市政府多种模式开辟房源的故事，充分体现了创新型政府与协同型政府的最新施政理念。

关键词：保障性住房；创新型政府；协同型政府；政府职能

第一部分　案例正文

2017 年 8 月 8 日，深圳市住房建设局召开住房工作专题会议，会议制定市住房建设局会同市规划国土委等有关单位针对不同群体的住房需求抓紧研究制定全市住房供应指导意见，加快构建"1+N"住房政策体系②。

2017 年 8 月 22 日，市六届人大四次会议答记者问，会议指出政府正制订未来 10-20 年全市住房供应与保障计划，将出台相关的政策意见，构建多层次的住房供应与保障体系，做到高端有市场、低端有保障、中端有支持……

---

① 深汕特别合作区位于广东省东南部的汕尾市海丰县。目前，该合作区的居民均为深圳户籍，深汕合作区亦被喻为深圳管辖的"第 11 个行政区"（深圳市内有 9 个行政区，1 个功能新区）

② "1+N"住房政策体系中"1"指的是为顶层设计总体文件，"N"为相关的若干配套文件

2017年8月24日，深圳市委六届七次全会上市委书记王伟中提出"持续完善多层次住房保障体系，切实做好民生托底工作，下大力气保障和改善民生……"。"建立健全多层次住房保障和供应体系。加快出台关于全面深化住房制度改革、建立健全住房保障和供应体系的'1+N'政策文件。"

2018年4月26日，《深圳市委全面深化改革领导小组2018年工作要点》印发。其中第38项为：加快住房保障制度改革，以市住房建设局为牵头单位。

2018年5月3日，深圳市委办公厅、市政府办公厅《关于印发<市委市政府2018年度重大调研课题>的通知》，将"加快建设多主体供给、多渠道保障、租购并举住房制度问题研究"列为年度重点课题。课题研究由市住建局牵头，市规土委、市法制办等参加。

这是一位记者笔下记录的深圳开启"二次房改"历程，而这背后牵出的是深圳市政府自改革开放以来不断探索的保障房建设之路，是一出独具深圳特色的政府寻房记……

一、深圳市政府寻房背景

（一）聚焦热点

深圳市自建立经济特区以来，以其"拓荒牛"精神开拓了这座城市的历史，更创造了自身的住房建设文化。但每一个创造人类辉煌的城市都难以避免会遇到"城市病"，其中包括了人口膨胀、交通拥堵、环境污染、资源紧缺等痼疾。随着深圳的经济发展、人口激增、土地资源紧缺、房价飞速上涨，这座城市的住房问题牵动着千千万万个居住者的心。加大保障性住房的建设供应力度，建立与时俱进的住房保障制度体系，解决在深建设者的住房问题，已然成为深圳市政府住房保障工作的目标。

(二)解读寻房困境

1. 保障性住房用地紧缺

深圳市主打"来了就是深圳人"的口号,住房作为在深建设者的基础物质需求,就更加凸显让建设者感到"居者有其屋"而非感叹"安得广厦千万间"的重要性。但现实是:截至2015年,深圳市居住用地达202.77平方公里,占城市用地建设比例的22.3%。在"十一五""十二五""十三五"期间,深圳市已供应及计划供应的保障性住房用地仅有9.12平方公里,保障性住房占地仅占住房用地的4.5%。

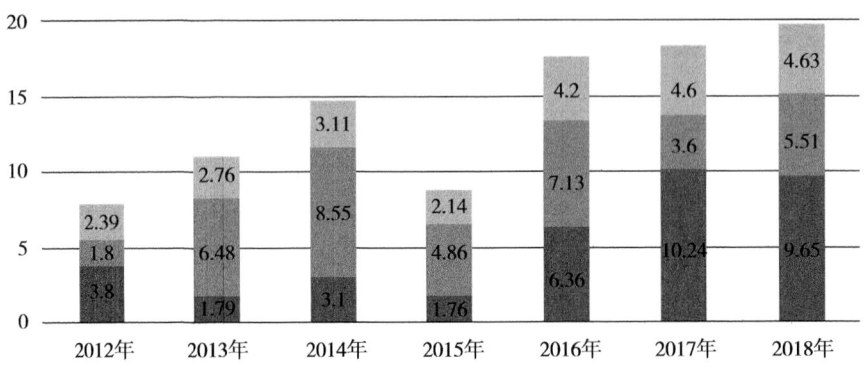

图1 2012-2018年全市安居工程建设情况

(数据来源:深圳市保障性安居工程年度计划2012-2018)

2. 住房保障未达到全覆盖

深圳市近年来人口呈现净流入,外来人口逐年递增,保障性住房的供应虽也呈逐年递增态势,但供需矛盾仍然非常突出。截至2015年深圳市保障性住房覆盖率不足12%,低于我国保障性住房覆盖面需达到20%的基本要求。此外,现有住房保障制度仅针对具有深圳户籍的人员,大量非深户籍人员不符合申请保障性住房的条件。

表 1 深圳市 2011–2018 年人口发展变化情况

年份	常住人口（万）	常住人口同比增加人数（万）	常住人口同比增加率	户籍人口（万）	户籍人口同比增加人数（万）	户籍人口同比增加率
2011	1046.74	9.54	0.92%	267.9	16.87	6.72%
2012	1054.74	8.00	0.76%	287.62	19.72	7.36%
2013	1062.89	8.15	0.77%	310.47	22.85	7.94%
2014	1077.89	15.00	1.41%	332.21	21.74	7.00%
2015	1137.87	59.98	5.56%	354.99	22.78	6.86%
2016	1190.84	52.97	4.66%	384.52	29.53	8.32%
2017	1252.83	61.99	5.21%	434.72	50.20	13.06%
2018	1302.66	49.83	3.98%	454.7	19.98	4.60%

（数据来源：深圳市住房建设供应区域合作研究报告）

3. 保障性住房选址较为偏远

随着城市的发展，原关内的几个区开发强度较大，想要在原关内地区拿出整块净地用于保障性住房建设的难度极大。为了满足保障性住房的用地需求，用地选址无法避免会逐渐外迁，但如果不能做到保障房和周边配套设施同步建设、同步交付使用，便会造成"有房的地方不愿申请、方便的地方申请不到"的困境。

（三）如何破解困境

基于以上现状，为破解房价上涨过快、住房供需不平衡、结构不合理、保障不充分等住房难题，深圳市政府结合以往经验并改革创新。深圳市政府于 2018 年 8 月发布了《关于深化住房制度改革加快建立多主体供给多渠道保障租购并举的住房供应与保障体系的意见》。创新性地提出保障性住房与商品房 6:4 的供应比例要求——即到 2035 年为止，提供 170 万套住房的这个目标中，保障性住房的总量要达到不少于 100 万套。对保障性住房开启了租购并举的供应形式，确定了房地产开发企业、住房租赁经营机构、政府、股份合作公司及原村民等主体在内的八大供应主体，以及城市更新配建、增加建设用地、盘活存量用地和用房、城际合作等措施在内的六大保障渠道。

表 2 住房实物供应一览表

住房类型		供应比例	供应形式	供应对象	面积标准	价格
市场商品住房		40%左右	可租可售	符合条件的各类居民	中小户型为主	继续实施宏观调控
政策性支持住房	人才住房	20%左右	可租可售	符合条件的各类人才	建筑面积小于 90 ㎡ 为主	租售价格为市价 60% 左右
	安居型商品房	20%左右	可租可售以售为主	符合收入财产限额标准等条件的户籍居民	建筑面积小于 70 ㎡ 为主	租售价格为市价 50% 左右
公共租赁住房		20%左右	只租不售	符合条件的户籍中低收入居民、为社会提供基本公共服务的相关行业人员、先进制造业职工等群体	建筑面积 30-60 ㎡ 为主	租金为市场租金 30% 左右；特困人员、低保及低保边缘家庭租金为公共租赁住房租金 10%

（资料来源：《深圳市人民政府关于深化住房制度改革加快建立多主体供给多渠道保障租购并举的住房供应与保障体系的意见》）

（四）未来走向如何

为了打破当前住房保障基数不断扩大的局面，也为了更好地应对来自土地、资源、人口、生态等因素的制约，在此特定历史阶段中，深圳发展的必然途径就是确立好解放思想、不等不靠、立足存量、拓宽渠道的总体思路，有针对性地采取多种途径挖掘潜力，增加保障房供应量。在本案例的叙述中，笔者将会以在调研实践中接触到的一位长期负责国土规划与住房建设的一线记者的亲身经历为主要视角，展开案例的叙述，以此介绍深圳市是如何在其漫漫寻房路上开启了保障性住房供应模式的探索和实施，如何用特区的精神和灵魂书写出一条政府漫漫的寻房之路。

二、深圳市政府寻房过程

（一）大冲村：拆旧重建开发房源的故事

1. 古村的昨日与今日

"你一定想象不到，你现在站的地方，以前是个什么样的地方。"

这是第一次站在大冲这片土地上进行采访工作时，一位久居于此的居民对我说的话。而当时展现在我眼前的大冲，已经被称为高新技术产业园区的后勤基地，同时也是深圳重要的城市景观和交通节点。鳞次栉比的住宅、公寓、商业、写字楼、酒店，星星点点坐落在高楼之中的郑氏宗祠、大王古庙、大冲石、水塘以及5棵老榕树，是我对脚下这片土地的初见印象。我想不到的是：这里，曾经是深圳人最不陌生的"城中村"。看如今大冲的模样，或许许多人会自然而然地觉得："这就是一个城市的发展！"那么每一个地方的发展，助推力是什么？在大冲这片土地上，最大的助推力无疑就是政府。

听大冲村原住民郑伯说，它是政府城市更新工程不断推进之后的产物，大冲的改变源于政府的手笔，我兴致盎然地与郑伯聊了起来，想要听听这背后的故事。

"以前啊他们管我们这儿叫'城中村'，城中村你知道是什么意思吗？就是说我们这里看起来好像是随意开发的一样，建筑低矮拥、环境脏乱、人流混杂、治安混乱、基础设施不配套，一切与国际化大都市深圳格格不入。不要说是我们有这样的烦恼，深圳城中村也不少，哪个不是这样的？"他的反问让我一怔，这确实是我脑海里"城中村"共有的特征。

曾经的大冲是名副其实的"城中村"，但却伫立在深圳原关内的绝佳区域，位于深圳市南山区中心。一边是高速迈进现代化的国际大都市的深圳大背景，一边是越来越跟不上这座城市脚步的落后古村落。1992年，政府在权衡之下将大冲村旧改提上日程。这是深圳市政府迈出的寻房第一步，在立项之初，所有的人似乎都相信着当重建完成之后，城市的美好程度一定会超出大多数人的想象。

那事实是如此吗？我不假思索地把这个问题抛给了郑伯。

"我觉得这是一件好事，至少从外观看，大冲比以前好看多了！我们的生活环境，也比以前好多了，而且在我们大冲的旧改中，政府十分人性化，我们原住民最看重的宗祠、古榕树那些古文物全部都留着，老百姓要求的政府都做到了，我觉得现在生活就很美好啊。"听完郑伯的话，我若有所思，政府所做的努力不就是为了实现人民群众所向往的美好生活吗？深圳市政府在这其中都做了什么努力是我们所不知的，而在后来的多次采访交谈后，我才知晓了背后的一些故事。

2. 古村的涅槃重塑之路

深圳市 2009 年出台《深圳市城市更新办法》，在全国首先提出"城市更新"的概念，囊括旧村（城中村）改造的类型，并主要指通过拆除重建的方式更新改造。由于深圳土地供应紧缺，对于难以在深圳公开土地市场拿地的房企而言，城市更新早已成为其储量的主要渠道。数据显示，2012年以来，深圳城市更新供应用地连续 6 年超过 200 公顷，2017 年达到 261 公顷，城市更新已成为深圳土地供应的主要来源[①]。

政府面临土地资源日益匮乏与城市化发展的困扰，也为了给不断涌入的来深建设者提供更好的居住环境，开始推动城市更新项目的改造，并要求配备一定比例的保障性住房，从而增加保障性住房供应量。因此，由政府主导、房地产开发企业代为实施的城市更新寻房之路拉开序幕。

大冲就是在这样的背景下开启旧改之路的，而旧改并不容易，怀着每个人的信心与憧憬，政府开始面对旧改现实背景下的重重阻力。像大冲这样的"城中村"，建筑密度大，改造难度也大，在旧改中牵扯着各主体之间的利益博弈。政府要在村民与开发商中间运筹帷幄，要兼顾各方利益，同时还不能忘却自己身上担负着的公共利益诉求。

在严重制约社会发展的"城中村"中，政府的寻房举措，首先是对拆迁土地进行重新规划重建。经过重新规划重建后的土地实现了集约化利用，容积率大大提升。其次，政府与开发企业通过协调，妥善安排了重建后原村民的回迁房，解决了原村民最关心的回迁问题。此外，旧村重建后还配套了一定的保障房，同时也给予企业一定的商业用地。

在大冲旧改中，涉及 1000 余户原居民及 300 多户非原居民的动迁、7 万多暂住人口的搬迁、近 1500 栋建筑，约 110 万平方米的拆除。工程量如此之大，政府为何还要坚持如此"兴师动众"地进行城市更新？

原来，这样一来政府不仅可以综合利用旧改的土地，而且还可以最大限度地节约土地。大冲改造后的 47 万平方米中，13 万平方米作为安置大

---

① 数据来源：网站 http://www.pinlue.com/article/2018/11/0922/537497258723.html

冲村集体与个人居住，18万平方米归于政府，剩余16万平方米作为企业开发用地，原来这47万平方米范围内可都是村民房和村集体工业房，经过这么一改造，政府几乎就是用13万平方米做了47万平方米的事情。经过这么一改造，大冲的原住民生活环境得到了极大的改善。在这其中政府还用18万平方米的土地，使公共配套设施的总建筑面积扩大了21倍，达到6.45万平方米，其中还包括旧改的一大亮点——配建了1000套保障房。

而一开始郑伯口中的郑氏宗祠、大王古庙、老榕树这些文物和古木，竟是大冲村旧改中的"重头戏"之一。

说起这些文物和古木，这其中还有个故事。这是政府在大冲的旧改中遇到的难题之一。旧改，不仅需要关注各主体的利益分配问题，更涉及旧村历史文脉的未来走向问题。在大冲旧改过程中，这无法避免地演化成了一场村民围绕郑氏祠堂去留问题而展开的博弈。郑氏祠堂是大冲三大姓之一——郑姓的宗祠，原址与大王古庙呼应而坐。人都是有情感的，这些都是人们的祖先留下的生命印记，哪里能说拆就拆。政府、房企、村民三方僵持不下，然而旧改的进程难以因为一座祠堂的去留问题被叫停。无奈之下，政府进行多方协调后选择在大冲被改造为新型社区的同时，将古人留在这里的文物古迹在一定程度上予以修缮。不仅是为了留住城市文化之根，而且也为旧改增色，用新旧标志性建筑一起铸造了一个具有历史韵味的新城。这才将多方的矛盾化解。

经过旧改，政府把原关内的"城中村"这种烫手山芋变成了"香饽饽"。深圳市政府坚持节约开发、综合规划、集约利用，主张"政府引导、市场运作、利益共享、多方共赢"的原则，最终才通过政策创新，实现了土地资源节约集约利用。

在对大冲的深入了解中，我为它如今的变化而开心，同时也免不了担心深圳的境况——如今人口持续不断涌入，城市要发展，原二线关内地区（一般意义上的城区）土地资源匮乏，政府还能怎么进行住房保障工作的建设？拆除重建后进行配建虽然好，但是这可是一个大工程，过程中也牵涉到了各类主体的利益问题。然而就在我为政府的保障房房源担心的同时，我发现政府已经有了新的举措，因为最近我这里好几户住户，听说都搬到了政府新建成的保障性住房去了。这又是政府的什么新举措？

（二）龙悦居：郊野荒地开发房源的故事

后来从搬出去的住户口中，我才知道他们是搬去了政府建设的人才保障房——龙悦居去了。龙悦居这片区域曾经是一处荒芜的山头，如今变成了好几座整齐的住房。

这么一想，以拆除重建为主的旧改不仅耗费大量时间成本和金钱成本，还要满足庞大的保障房缺口，政府直接在空地上建设保障房，量大又集中，确实不失为一个好办法。就这样，在政府的集中建设下，曾经荒芜的山头现在已经是占地面积17.6万平方米、拥有11111户住户的龙华新区龙悦居保障房。在走访中听闻搬走的住户回来和邻居说，早在2010年，深圳市政府选定这块山头，开始开工建设当时规模最大的保障性住房。经过时间的推移，今天的龙悦居集商业、幼儿园、住宅为一体，专门为人才和中低收入家庭提供公租房。刚搬过来的时候，可没现在这么方便，经过3年时间的建设，龙悦居从"三难"小区——出行难、买菜难和上学难蜕变为成熟社区——周边配套日臻完善，从超市到便利店，从餐馆到特色小吃，从学校到幼儿园，从社康到公交线路均做了相应规划建设并投入使用。

龙悦居的尝试，与后来出台的"二次房改"中通过重点在原关外地区增加建设用地以建设大型保障性住房社区的目标一致（原文：实施以公共交通为导向的住房开发模式，突出产城融合、职住平衡，在宝安、龙岗、龙华、坪山、光明和深汕特别合作区等区域建设大型安居社区）。

政府主导建设龙悦居的最大初衷，就是为了让在深建设者感受到政府提供的新型住房方式是深圳市给予他们的保障，即使不在深圳买房，他们也可以安心地在这片土地上挥洒汗水、实现人生价值。政府在空地上进行开发，建成了11111套保障房，这无疑是最有成效的房源开辟之路，但是土地匮乏已然是既定事实，并非所有的房源都能如此开辟，空地的寻找也需要留个"心眼"。龙悦居刚建成时，许多住户都说龙悦居出行不方便。

原关内地区空地资源难寻,原关外地区距离相对较远,因此需以交通为导向,如此一来不仅能达到"居者有其屋"的目标,还可以实现便利、宜居的目标。在我的追踪下,发现政府已经开始探索起了以公共交通为导向的TOD模式。

(三)龙海家园:TOD 模式开发房源的故事

我了解到,在深圳市 2013 年 3 月召开的住房常务会议(五届七十九次)中,深圳市确定将国有土地使用权作价出资给地铁集团有限公司、市机场(集团)有限公司、市特区建设发展集团有限公司,进行先行试验。同意地铁公司以土地作价出资方式获得前海交通枢纽上盖项目土地,这是深圳市政府在土地政策方面的积极创新。

一座新的保障房源的建成,需要考虑地理位置,需要考虑周边基础设施,综合利用土地也显得尤为重要。古代的部落生成的重要原因之一是水源,而随着人类社会经济的发展,交通也成为了影响人类聚居的重要因素。从深圳市房地产中介协会公布的一项关于"深圳网友租赁需求偏好"的调查问卷中了解到,交通便利、上班距离为深圳网友在平台选房时最为看重的两大因素,租金倒在其次,由此可见交通在住房选择中占据的重要地位。

TOD(transit-oriented development)模式,是以公共交通为导向的开发模式,是规划一个居民区或者商业区时,使公共交通的使用最大化的一种非汽车化的规划设计方式,即以公共交通引导开发。其中,最为便利的方式是以地铁方式出行,即政府规划在地铁上盖建设保障房,规划出保障房地铁社区。这种社区的总体功能是以居住用地为主导,同时配套为社区服务的零售商业设施和公共服务设施,把土地的平面利用变为立体利用,根据土地开发的价值随着与地铁站点距离增加而衰减的原则,合理规划商业、商住混合用地、社区公共服务设施以及居住用地功能和中小学教育设施用地。如图 3 所示。

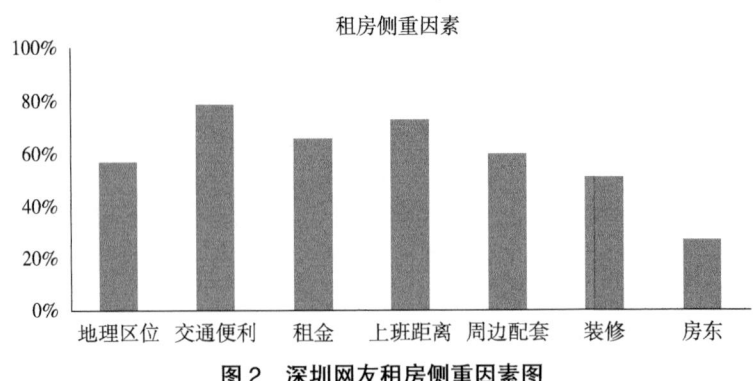

图 2　深圳网友租房侧重因素图

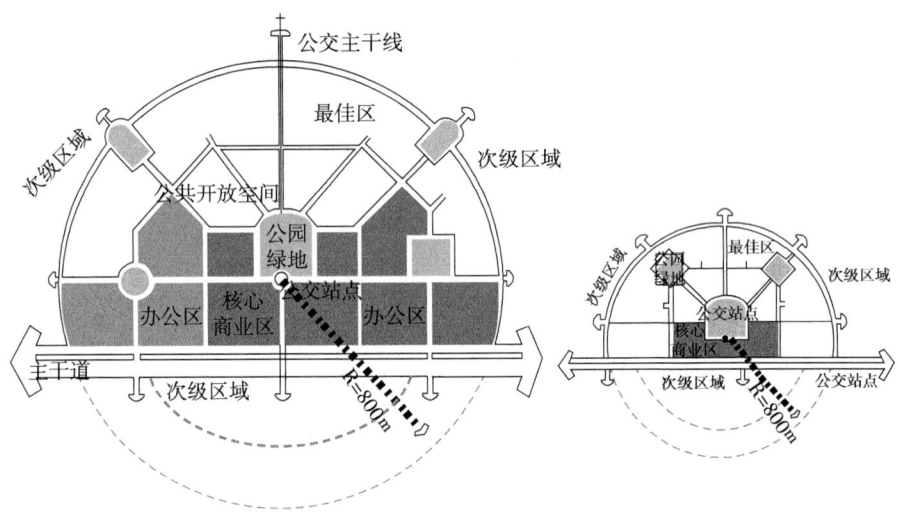

图 3　TOD 模式用地规划图

龙海家园公共租赁住房项目,便是在这样的背景下应运而生,成为深圳首个大型地铁上盖保障房项目。其建设充分利用了地铁站上部空间并进行空间格局上的拓展,在土地资源日益紧缺的情况下,实现城市、交通、环境、住房房源的协调发展。龙海家园位于地铁前海车辆段上盖,用地面积为 13.5 万平方米,总建筑面积为 70.4 万平方米,总投资 32 亿元,12363套,超过已建成的龙悦居(11111套)。龙海家园公共租赁住房项目是政府在提供更为便利的交通设施的基础上,将就业生活、商业娱乐、公共服务等有机结合,形成便捷、人性化、可持续发展的社区,创造的是一种多功能复合的现代生活模式,对解决城市中心区人口、减轻就业压力将起到举足轻重的作用。深圳市政府此举,着实让我领略到了其"见缝插针"式的保障性住房建设思想,以及有效利用每一寸土地的"拓荒牛"精神。

(四)柠盟公寓:综合改造开发房源的故事

经历着周遭环境的巨大变化——原关内大冲在政府推动的城市更新中实现外貌与内在的焕然一新,我身边的住户也在原关外地区寻觅到了政府为他们建设的保障房。但值得思索的是,难道关内除了旧改,就没有其他方法挖掘住房存量资源?据我所知,深圳这个渔村上建设起来的国际大都市,现在仍然尚存1317个城中村。截至2017年8月,深圳市各类住房总面积约为5.20亿平方米,其中,"城中村"住房总面积为2.60亿平方米,占市住房总面积的50.3%。(详见图4.深圳"城中村"空间分布现状)

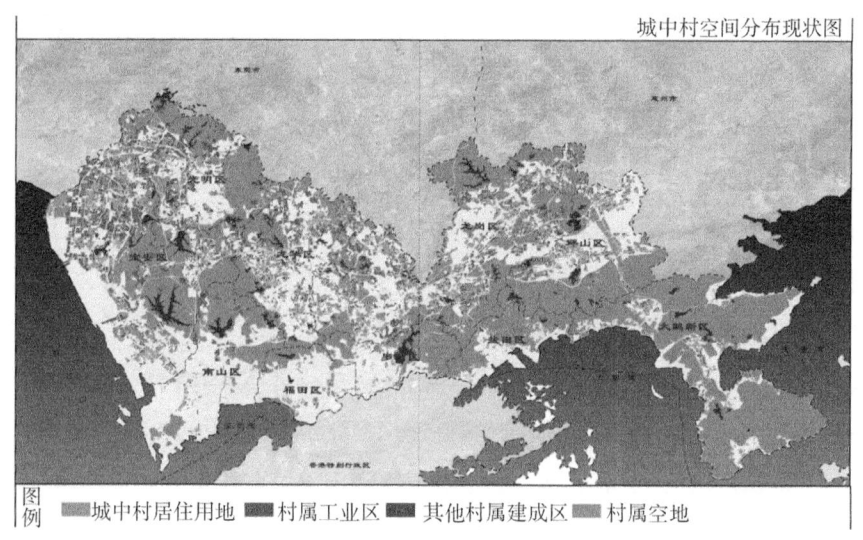

图4 深圳"城中村"分布现状图

(来源:深圳市"城中村"(旧村)总体规划)

我置身之处也有"城中村"的形态,在多次的采访与观察中,总觉得大冲村"改头换面"的举措确实是震撼,俨然是一部城市发展史。但是我慢慢发现,在其他城中村,也在发生着有趣的转变。

其中一个有趣的转变,是水围村的"握手楼"。经过多方走访,我发现"握手楼"不仅仅存在于水围村,其他的"城中村"中也存在着大量的"握手楼"。究其产生的原因,实是因为在可预期的时间里,很多"城中村"并没有被纳入征地拆迁计划。于是原住民为了可以实现利益最大化，都尽量将地基占满宅基地面积，甚至会从二楼开始外扩，从而形成了握手楼的形态。

"握手楼"之间的缝隙被改造成走廊，就是政府在水围村这里开展的第一个"城中村"改造成人才公寓的项目——柠盟公寓。在我为政府保障房的建设而烦恼的时候，政府开启了"城中村"的有机更新，开始对"城中村"开展综合整治。曾经水围村面积约为8000平方米的35栋统建农民楼，就是名副其实的"握手楼"，而如今这些"握手楼"中有29栋楼被改造成了色彩缤纷的人才公寓，改造过程也是一个有趣的故事。

要知道，一开始这些统建的农民楼都是当时的'村民'一家一栋自己建造出来的，而且这些房子都是建于2000年前，属于"农村城市化历史遗留违法建筑"，存在消防安全隐患。房东们都是自己招租、自己管理，消防治安环境很难规范。当时规划改造成人才公寓时，主要参与主体就是政府、深业集团、水围村股份公司与这29栋楼的业主。最初政府要与水围村的业主签订承租合同的时候，业主都不太肯定这样的做法究竟是让他们赔了还是赚了，毕竟这是从未听说过的改造模式。当初的水围股份公司也是一家一家地与村民沟通承租的相关事项，最后以约70元/平方米的均价租赁29栋农民房，租金每两年递增6%，并在基本未加价的情况下，转租给深业。深业对房屋进行改造后，以150元/平方米的价格租给福田区政府，福田区政府则以75元/平方米的价格出租给福田区人才。

也就是说在柠盟人才公寓的改造项目中，实质是由深业集团进行改造，改造后政府进行反租补贴，再将这些住房以低于市场的价格租与企业人才，以此实现了"政府—国企—村股份公司"三方合作的改造模式。这么看来，"城中村"是深圳市无法否认的存在，但政府依旧有责任去改变"城中村"安全隐患突出的现状，曾经大范围的拆除重建已然不是政府的最佳选择。改造，对于"原村民"而言，也是保证了他们的原有利益。柠盟人才公寓的尝试，很好地对接了政府筹建保障房和整治消防安全隐患、村股份公司提升社区环境、深业集团布局长租公寓市场三方面的需求。作为第一个试点项目，政府在这一模式中，也承担了改造费用：政府每平方米向深业支付150元租金,但对外租给人才仅收75元租金,相当于每平方米补贴75元,作为政府筹集人才住房和整治消防安全隐患的成本。企业的让利,政府的保障,"政府—国企—村股份公司"三方合作的改造模式,都是这一项目顺利落地的重要保障因素。政府用这种方式,挖掘出了不少的保障房房源。

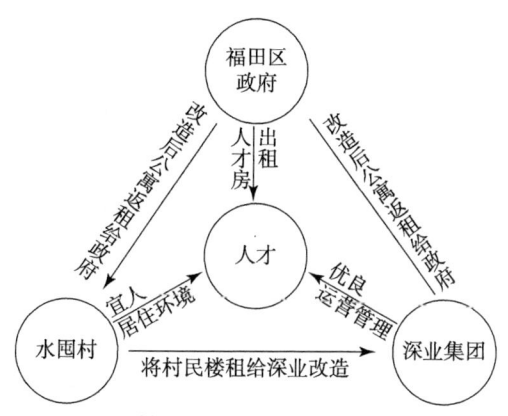

图5　柠盟人才公寓的三方合作模式

可以说柠盟公寓是深圳市政府探索将"城中村"改造成人才公寓的成功示例,表明政府开启了"城中村"的有机更新,开始走上综合整治的保障房建设之路。柠盟人才公寓的实践,是城中村重新焕发活力的方式,是政府做出"不推倒也能重来"所尝试的新举措。

但是就算深圳市政府从原关内地区的拆除重建,转移到尚存较大土地空间的原关外地区,仍可以预见,原关外尚存的土地在未来也难以满足未来城市发展的需要。所以究其根本还是土地资源匮乏导致了保障房建设用地极度紧张,政府已经不能仅限于在辖区内兜兜转转寻找房源了。此时政府的一个重要举措,就是加强与周边城市的城市住房保障合作,跨域进行合作建设公共住房。深圳市作为改革开放的先行者,其自身经济实力强于其周边城市,这也为其探索跨城际的"产业+保障房"新模式,实行住房保障城际共享,拓宽保障性住房筹建渠道提供了先天优势。

(五)深耕村:城际合作开发房源的故事

向东距离深圳80公里的地方,有一片占地面积468平方公里的区域,这里就是深汕特别合作区,这是深圳市跨越惠州市在汕尾市拿到的一块"飞地"。在国家大力支持"飞地经济"①的背景下,汕尾市成为深圳最佳的城际合作对象。合作区自成立以来便受到了各方的广泛关注,这里一开始是深圳的产业转移工业园。

为什么不选别的地方,偏偏要选择这块区域呢?很快我就领悟到了合作区的优势所在。合作区位于海峡经济圈和珠三角经济圈,在区位、土地资源、产业支撑、交通方面具有明显的优势。它不仅是珠三角地区经济发展辐射的重要节点,也是珠三角产业升级发展转移的承接地。更重要的是,合作区土地规划面积高达468.3平方公里,区内总人口却仅约为95000,人口密度低。其中有150平方公里的土地可以用于工业开发,着实是深圳产业转移的最佳承接地。

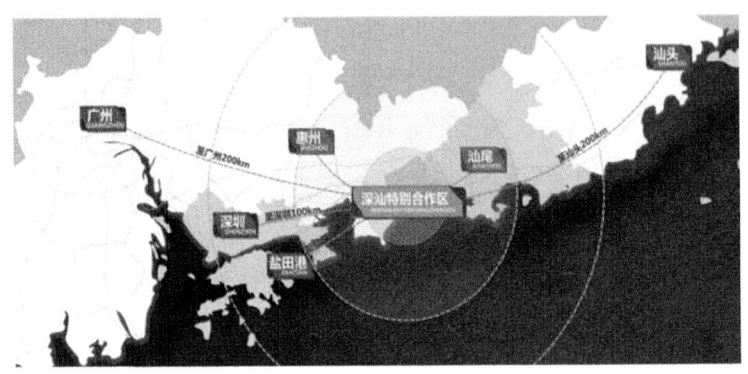

图6　深汕特别合作区区位图

在2017年9月,广东省委、省政府正式确认深汕特别区纳入深圳市"10+1"区管理体系后,合作区迈入了深圳全面负责建设管理的新时期,成为了深圳的"第11区",但是这不仅仅只是一个拓宽城市发展空间的举措,更是给深莞惠,乃至中山珠海江门等等大湾区城市一个信心。东莞与惠州基于现阶段自身经济发展的需要,对经济发展的主导权较强,因此对深圳的梯度产业转移战略响应不够积极,深汕合作区的试验成果,将为未来深圳的城际合作奠定基础。而合作区的存在,将直接带动汕尾的经济发

---

① "飞地经济"是指在经济发展过程中,两个相互独立、经济发展存在落差的行政地区打破原有体制和机制限制,通过规划、建设和税收分配等合作机制进行跨空间的行政管理和经济开发模式

展,对深圳东部的龙岗、坪山的发展,也有积极推动的意义。

据了解,2018年12月,由区属国企深汕特别合作区城市建设投资发展有限公司开发运营的深汕特别区首个人才保障性住房——深耕村项目正式开工。项目总投资额约21亿元,占地面积约5.4万平方米,计划筹建人才保障性住房约2500套,建成后将满足近万人的居住需求,这是深圳市住房跨城际建设保障房的重要进步举措!如何更好地开启政府间合作的跨区域寻房模式,正等待着深圳市政府进行下一步的探索……

结语

伫立在这座城市,感受着沧海桑田的变化,也感受着深圳任务艰巨、时间紧迫的住房保障工作。在寻保障房的路上,政府从原关内的旧村旧改、原关外从无到有的保障房建设,回归到原关内通过综合整治挖掘城中村的巨大房屋存量,再到跨城际进行合作开发建设保障房,一直多方探索着保障性住房的建设模式。在城市更新中创造出独具深圳特色的大冲模式;在"城中村"的综合整治走出了"政府—国企—村股份公司"三方合作的改造模式;在保障房建设上积极探索以公共交通为导向的TOD模式以及跨城际建设"产业+保障房"模式。而在新时代背景下,要如何更好地实现"居者有其屋,居者优其屋",俨然是深圳市政府未来必须要应对的重要课题。

第二部分 案例分析报告

一、案例背景分析

保障性住房是解决城镇居民住房困难问题的重要手段,直接关系到广大人民群众的切身利益,对于全面建成小康社会、维护社会和谐稳定具有重大意义。党的十九大报告也提出了要加快建立多主体供给、多渠道保障、租购并举的住房制度。构建多元化的保障房供给模式已经成为当前党和政府实现"居者有其屋"的一种重要手段。深圳市自成为经济特区以来不断地探索着住房制度改革,进入新时代之后,面对土地资源匮乏,人口持续净流入,商品住房价格上涨较快,住房供需不平衡、结构不合理、保障不充分等日益突出的问题,政府拉开了进行保障房房源寻找的帷幕。

在案例中,政府的寻房路径经历原关内的地区旧村旧改、关外从无到有的保障房建设、回归关内通过综合整治挖掘城中村的巨大房屋存量、再到跨城际进行合作开发建设保障房这一过程。政府尝试从多方探索着保障性住房的建设工作,创造着独具深圳特色保障房建设模式。但是寻房过程中也引发了一系列的思考:深圳市政府为什么能采用多模式开辟房源?深圳市政府多模式开辟房源为什么能成功?在住房保障建设工作中,政府扮演的又是一个怎样的角色?

二、理论分析框架

(一)相关理论

1. 创新型政府理论

我国著名学者俞可平对创新型政府的界定如下:"创新型政府的主要特征,就是政府部门将创造性的改革作为提高行政效率、改善服务质量、增进公共利益的基本手段。一个创新型的政府,必须在体制机制方面对公共部门进行持续不断的改革和完善,因此它必然是一个改革型的政府;一个创新型的政府必须随时破除那些僵化的和不合时宜的观念和制度,因此它必然是一个开放型的政府,一个创新型的政府,必须通过不断的学习来更新思想观念和行为方式,因此它必然是一个学习型的政府[①]。"

当今的公共管理,控制关系日渐式微,政府的角色定位更加体现多样性和通融性。在快速变迁的时代,一个政府如果想要拥有灵敏的嗅觉迅速捕捉社会各个领域的变化并且快速作出反应,离不开建设自身完整的创新机制。只有具备了创新的动力以及支持创新的机制,才能持续不断地去推

---

① 俞可平. 建设一个创新型政府[J]. 人民论坛,2006,(17):4.

进政府本身的创新;此外,政府的创新性必须渗透到其下的各个政府部门和工作人员,以此反推政府的创新工作,从而对社会发展起推动作用。

2. 协同型政府理论

协同治理力图营造一个和谐、系统、高效的公共治理网络,强调在公共事务中政府、私人部门、第三部门、公民基于共同利益或者目标的基础上,共同参与到公共管理的实践中。而在协同政府中,政府为协作发起人,私人部门、第三部门、公民个人基于共同的目标,在相互协作的基础上共同参与治理,最大限度地追求公共利益,实现公共价值最大化,从而实现善治。协同型政府的特征,集中体现在:第一,协同型政府是一种理念,政府具有协同意识,在面对分歧时,注重整体利益,主张采取积极主动的协调以解决问题;第二,协同型政府是一个动态系统,协同过程是各主体进行动态的互动与配合的过程,从而共同解决公共治理过程中的难题,同时政府在此过程中也是一个动态性、持续性的学习主体;第三,协同型政府追求一种最佳导向,所有的主体在这一系统中都是为了共同的目标而在协作的基础上参与治理,致力于公共利益的最大化实现。

(二)分析框架

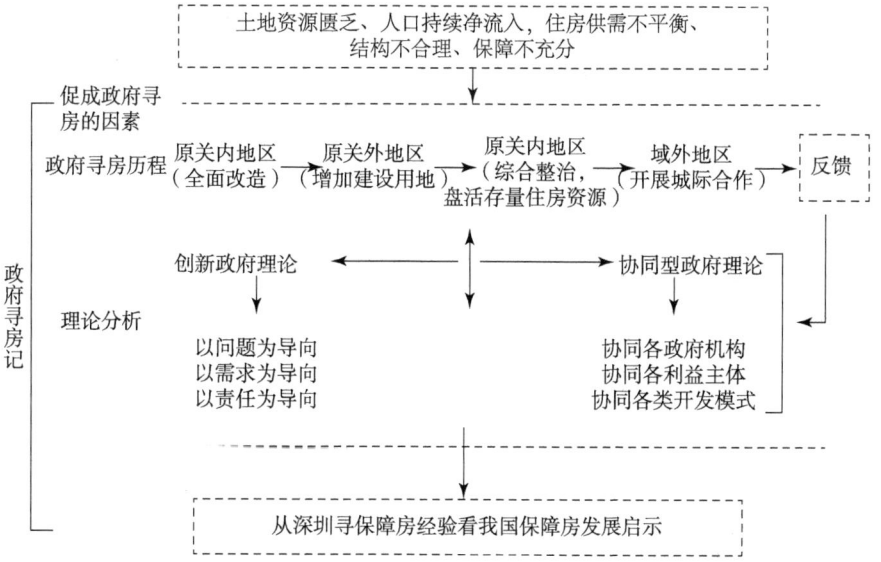

三、创新型政府视阈下政府寻房驱动力分析

(一) 以问题为导向，探寻多类渠道房源

随着深圳经济的飞速发展、外来人口的不断涌入，住房问题日益成为重大民生问题之一。不同于传统政府模式下"头痛医头，脚痛医脚"的做法，深圳市政府溯源头，寻根本。在经过对"城中村"存量住房、深圳市住房需求、深圳市居住用地比例及供应机制等进行大量研究、测算的基础上，政府认为，住房矛盾的激化的原因不仅包括人口的大量涌入，更在于土地资源紧缺的同时却未得到合理有效的利用。在土地资源存量有限的困境下，解决住房问题最根本的措施在于优化资源，使存量土地得到集约化、最大化利用。

深圳市政府在探索住房领域改革的一系列举措中，始终体现着自身坚持突破旧有框架、破除制约创新的思想障碍、勇于尝试的使命感和责任感。在没有经验借鉴的改革开放初期，"投石问路"式的改革策略成为经济特区取得重要成果的重要经验之一，也上升为政府工作的重要指导思想之一。2018年8月，市政府发布《关于深化住房制度改革加快建立多主体供给多渠道保障租购并举的住房供应与保障体系的意见》，文件将多主体供给、多渠道保障、租购并举作为三大重要指导性思路，其中提出6类15种住房建设筹集渠道，通过增加建设用地、盘活存量用地、配建、盘活存量用房、公共设施综合开发、城际合作等措施，旨在破解土地资源紧缺、住房建设用地供应不足的瓶颈制约。中国的保障房建设历史不长，深圳市在基于辖区基本情况的基础上进行多方探索，创新寻房渠道。通过试验探索出最适合辖区基本情况的建设方案，并且逐渐将经验积累，将成果沉淀，最后固定成具有依据的指导性文件，迈出了深圳建设创新引领型全球城市目标的重要步伐。

(二) 以需求为导向，降低住房供需矛盾

根据深圳市规划和国土委员会编制的《深圳市城市总体规划（2016-2030年）》，预计深圳市常住人口到2020年将达到1480万。根据《国家

新型城镇化规划（2014—2020年）》，预计到2020年，城镇常住人口保障性住房覆盖率应达到23%以上。深圳市1480万的常住人口如要保证保障性住房覆盖率达到23%以上，即需要保证340万常住人口有保障性住房。按照家庭户均人口数3人，2020年需供应113万套保障性住房。即使"十三五"期间计划的筹集新建40万套保障性住房任务能够圆满完成，且都算在"十三五"时期能够供应（事实上40万套保障性住房并不能在"十三五"期间全部供应，因为住房的建设周期需要3-4年），加上"十二五"时期之前已供应的42万套保障性住房，那么截止到2020年深圳市住房能够供应82万套，距离113万套仍有31万套的缺口，31万套的缺口比"十二五"时期5年新建筹集的24.6万套还多6.4万套。深圳市保障性住房需求如此之大，供给缺口也是非常之大。而现阶段深圳各类住房占比中，保障房占比最低，仅占各类住房的5.4%。具体情况详见图7所示。

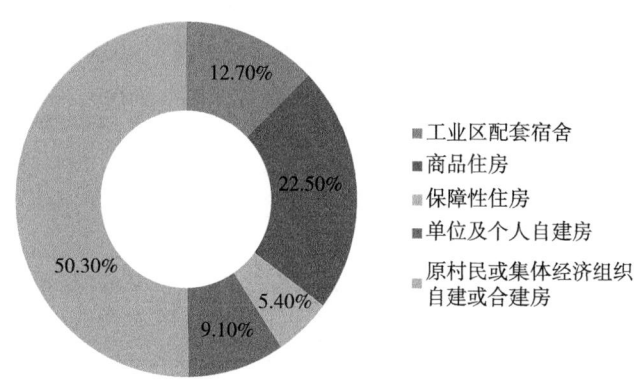

图7 深圳各类住房面积占比

（数据来源：深圳市规土委）

八类住房供给主体
- 1.房地产开发企业（市场商品住房、安居型商品房）
- 2.住房租赁经营机构（长租公寓）
- 3.市、区政府（人才住房、安居型商品房和公共租赁住房）
- 4.人才住房专营机构（人才住房、安居型商品房和公共租赁住房）
- 5.社区股份合作公司和原村民（符合规定的租赁住房）
- 6.拥有符合规定的自有用地或自有用房的企事业单位（人才住房、安居型商品房和公共租赁住房）
- 7.各类金融机构（人才住房、安居型商品房和公共租赁住房）
- 8.社会组织（公益性质的各类住房）

"十三五"期间单纯依赖政府来解决住房供给缺口明显不现实，因而深圳市政府积极采取多主体供给保障性住房模式。如案例中柠盟人才公寓采取社区股份合作公司和原村民为主体建设符合规定的租赁住房；以市、区政府合作为主体建设的龙悦居保障房；考虑将万科等房地产开发企业建设的长租公寓纳入政府公共租赁房体系中；在经营性用地或普通商品住房中配建保障房；跨域政府合作进行"飞地经济"建设等。深圳市政府积极探寻多主体供给房源的方式，力求通过多主体供给的方式来缓解政府建设压力，以此保证足够的保障性住房房源量。

（三）以责任为导向，回应社会民生实际

实现"居者有其屋"是当今世界各国的共同愿景，保障房作为一大民生工程，是政府提供公共服务的重要体现之一，也是政府肩负的重大责任。在深圳市的住房保障建设中，政府肩负着实现保障房可持续发展、改善民生与增进社会公平的重任。传统型政府的"官本位"与"政绩当先"的观念使得政府在保障房的建设中难免由"加速跑"到"跑偏"，从而偏离了保障房的建设是以人民群众的福祉为主的目标。为实现解决在深建设者的安居问题，深圳市政府积极回应社会需求，提出在"十三五"期间建设筹集新建40万套保障性住房的目标，同时在建设过程中积极调动社会各方的主动性，使之助力于保障房的建设，为保障房建设工作持续注入活力。

保障性住房作为准公共产品，很难单靠市场进行供给，因此政府是主要的供给主体，大部分情况下是政府承担了保障房供给的责任。对于企业来说，保障房建设投资大、收益低、资金回收周期长，因此才有了深圳市政府将保障性住房建设工程间接承包给房地产开发商并给予房地产开发商相关政策优惠，以调动其积极性的做法。如此一来，不仅利用了企业在房屋建设上的技术优势，还提高了保障住房的建设效率，促进资源的充分利用。

四、协同型政府视角下政府职能体现

（一）协同政府机构，形成部门合力

政府在保障房建设中难免会遇到众多阻力，以政府来说，只有政府各

个职能部门协同达成共同的目标,共同为公共利益最大化而奋进,才能发挥出政府最佳的职能状态。深圳市保障房建设时间紧,工程量大,更需要政府各个部门之间进行多方协调,形成巨大合力,共同攻克保障性住房的建设难题。深圳市在住房供应和保障体系中,将主要工作任务具体化为各项工作事项,每个工作事项都有具体的牵头单位和协办单位具体负责。在实施公共设施综合开发,通过轨道交通车辆段和停车场、公交场站等城市基础设施和公共配套设施综合开发建设保障房中,交通运输委、市住房建设局、市轨道办等部门共同致力于保障房建设,才成就了深圳市最大的地铁上盖保障房项目——龙海家园。

六类保障渠道:

1. 增加建设用地(新供应用地建设)
   牵头单位:市规划国土委、市住房建设局
2. 盘活存量用地(棚户区改造、已批未建用地建设、社会存量用地建设、征地返还用地建设)
   牵头单位:市规划国土委、市住房建设局
3. 配建(招拍挂商品住房用地配建、城市更新配建、产业园区配建)
   牵头单位:市规划国土委、市住房建设局
4. 盘活存量用地(社会存量住房租购)
   牵头单位:市规划国土委、市住房建设局、市公安消防局、前海管理局、各区政府、新区管委会
5. 公共设施综合开发(轨道车辆段停车场综合开发、公交场站综合开发)
   牵头单位:市交通运输委、市国资委、市住房建设局、市轨道办
6. 城际合作(临深片区城际合作开发建设)
   牵头单位:市规划国土委、市住房建设局、深汕特别合作区管委会

(二)协同各利益主体,创造多方共赢

在本案例深圳市的寻房路径中,包含了政府、企业、保障对象、原居民这些最主要的利益相关者,每个利益主体表达的需求都不尽相同,而政府在其中既有自身的利益需求,也肩负着协调各个主体之间的利益的重任。

首先,政府作为保障房供应的主要角色,肩负着前期相关政策方针的制定、建设过程中的协调工作和后期效果评估与质量监管的重任。在深圳市保障房建设中,政府的目标追求,就是尽力实现公共效益的最大化。其次,在市场经济蓬勃发展的今天,企业在市场上占据的重要性不言而喻。

企业在房地产市场上具有充足的资金，同时在住房投资与建设上具有非常丰富的市场经验。在追求自身利益最大化的同时，企业也可以承担相应的社会责任，为保障房的建设注入更多的资金与活力，同时也为企业的未来发展提供契机。再者，保障对象是整个过程中最主要的利益相关者。保障房的建设衍生于保障对象对住房的需求，保障对象的需求是最值得关注的，而如何满足保障对象中不同群体的需求，满足同一群体在不同阶段下的不同需求，也是保障房建设中的一大难题。最后，在深圳市曾经推行的大规模旧改以及现如今推行的"城中村"综合整治中，直接将目标对象指向了过程中涉及的原居民。因此原居民也是政府寻保障房过程中的一大利益相关者，他们在此过程中的相关利益也需要得到充分的尊重与保护。

在大冲旧改中，政府首先是对拆迁土地重新规划后进行重建，经过重新规划重建后的土地实现了集约化利用，容积率大大提升。其次，政府与开发企业通过协调，妥善安排了重建后原村民的回迁房，解决了原村民最关心的回迁问题。此外，旧村重建后还配套了一定的保障房，同时也给予企业一定的商业用地。在大冲村被改造为新型社区的同时，政府也尊重了旧村文化，保留了村内的相关文物古迹，留住文化之根。在各个城市的历史进程中，旧改牵扯到的利益主体、各主体之间的矛盾无疑是最多的，政府在大冲旧改中综合考虑各个利益主体的诉求，始终坚持节约开发、综合规划、集约利用，主张"政府引导、市场运作、利益共享、多方共赢"原则，最终通过政策创新，实现了土地资源节约集约利用，创造出多方共赢的局面。

（三）协同各类开发模式，实现因地制宜

切实解决好市民的住房需求问题，努力实现住有所居的目标，是深圳市政府在保障房建设过程中秉持的信念。在保障房建设开发中结合深圳实际，因地制宜，协调发展更是政府的重要举措。在案例中，为适应经济发展与城市化进程的需要，对部分原关内旧村采取城市更新同时配备一定保障房房源的方式；对于大部分"城中村"则是开展以改善消防、卫生等基础设施和引进物业管理等公共服务设施为主要内容的"综合整治"，以此

协调达到既改善人居环境，又推进既有存量住房资源的节约集约利用，促进经济和社会可持续发展的效果；针对近年来轨道交通建设密集的现状，政府则积极实施"地铁上建物业"的公共租赁住房建设模式，既提高了地铁运营效益，也大大降低了公共租赁住房的建设成本，并通过降低居民出行成本，提高了保障的有效性。结合深圳实际采取最适合的保障性住房开发模式，是深圳市住房保障建设工作中的一大亮点。

五、从深圳寻房经验看我国住房保障发展启示

（一）创新保障房开发政策工具

在保障房开发中，我国运用最多的便是结构式强制工具，而这些结构式的政策工具中，多以制度规划和目标规划为主，法律法规较少且层级较低，大部分属于部门规章。例如在"十二五"期间我国计划建设保障性住房3600万套，由全国性的保障房建设目标依次落实到各个地区需要完成的目标，各个地区的政府则自行结合地区实际情况制定相关规范性文件。在深圳市的保障性住房建设历程中，政府在制度规划和目标规划中都出台了相关的文件。但迄今为止，我国尚未出台专门的住房保障法律。而纵观美国、德国、日本等发达国家，都十分重视城市住房保障的立法工作。发达国家的住房保障实行立法先行，依法界定政府的住房保障责任。因此我国更应该加快住房保障立法，使住房保障规范化，有效监督政府的执行力度。此外，政府在保障房开发的政策工具中，应该灵活地运用市场型、激励型等非强制手段的工具，积极主动地引导市场与社会参与进住房保障建设中，以此发挥市场的活力，发展住房金融、完善租赁政策、加大财政投入、发挥税收的调控作用，推进住房保障体系建设。各地方政府也需要根据地区实际情况，多方借鉴先进住房保障建设经验，积极探索建立在实践中被需要的保障房开发政策工具，既要考虑政策工具的影响因素，包括自身特性、政策主体、外界环境等，又要考虑和避免不同因素相互作用甚至抵消的问题，做好协调研究，制定出本土化、科学化的地方性住房保障建

设体系。

（二）创新保障房开发途径

目前，我国各地的保障房建设体系在发展水平、土地供应、住房供求关系、居民收入水平和政府财政状况等方面存在的差异很大。一刀切的保障性住房供应模式难以达到保障的有效性，不具有推广的意义，在现实中也存在很多难以克服的障碍，因此各地政府在保障房的开发中必须要结合各自地区实际情况实行。

未来，我国应充分鼓励各地区政府结合本地实际，灵活创新保障性住房开发途径。在保障方式上，鼓励采用包含独立新建或配建、购置、改造、补贴等在内的多种方式，采用限价或混合开发、承包、酬金服务、BT投资、BOT运营、城市综合开发等多种模式，积极参与保障房建设，开拓我国保障房建设规模。

（三）创新政府部门之间的协同模式

保障房建设中，政府毋庸置疑发挥着自身最基本的底线责任，政府内部各部门之间的协同运作程度极大地影响了政府相关职责的发挥、相关机能的运转。政府部门之间高效的协同模式将会大大提升行政效率。创新政府部门之间的协同模式，主要从部门之间的协同文化、协同机制、协同信息入手。首先，部门之间的协同文化体现在共同的目标、价值观上。住房保障工作涉及面广，但是共同的目标都在为城市低收入群体和住房困难群体解决住房问题。而部门之间价值观的协同，则为"合作文化"奠定了基础，从而推动部门之间的信任，共同为住房保障工作出力。其次，从部门之间的协同机制上，需要完善部门之间协同行动的相关规定，明确各个部门在协同过程中的职责与义务，使各职能部门各执所长，在合作中发挥最大效益。最后，协同部门之间要突破信息壁垒，衔接好协同过程中的资源端口，畅通信息渠道，提高制度执行效率。

（四）创新政府与房地产企业之间的协作模式

实现"居者有其屋"是当今国际社会所公认的一项社会经济政策。这项社会经济政策不仅仅是政府所肩负的重任，也是企业发挥其社会责任的重要路径。在我国现阶段与企业协作的保障房建设模式中，主要是委托代建模式、配建模式以及直接招标模式。政府应当具备创新精神，鼓励企业积极参与保障房的开发建设。例如借鉴美国保障房建设中的"税收抵免"政策，针对保障房开发的房地产企业进行一定数额的税收抵免，以此鼓励企业投入到保障房的开发建设中。在未来的保障房建设中，企业与政府之间理应相互协调，依托各自的优势，积极拓宽二者之间的合作，将我国的保障房建设规模提升到一个新的境界。

思考题

1. 试分析本案例中深圳市政府致力于多模式开辟保障性住房房源的动力机制。
2. 在本案例的保障性住房建设工作中，深圳市政府扮演了哪些角色？
3. 在深圳市政府开辟保障性住房房源的各种方式中，你主张哪种方式？为什么？
4. 本案例中深圳市政府的相关寻房举措对建设创新型政府有何启示？
5. 思考政府应该如何更好地应对未来保障性住房建设过程中可能面对的机遇与挑战？
6. 思考政府会倾向于用什么方式来解决城市人口的住房保障问题？为什么？你能预测出相关解决方案吗？

如何破解业委会"难产"之困?
——以深圳市 M 小区为例

高 梁

(深圳大学管理学院)

摘要: 业委会作为业主参与社区治理的自治组织,是基层社区治理的重要组成部分,是业主实现自治权、参与权的重要载体。然而在现实中,业委会的成立却面临着各种问题及瓶颈,即使成立了业委会,有些根本不作为,有些无所作为,有些则沦为了物业裹挟业主的工具。为何业委会成立难?难作为?找寻其根本原因,并探索切实可行的解决办法,已成为我们研究的一个重要课题。

近年来,深圳市曾发生过几起比较具有代表性的业主维权案例,如长城花园业委会换届选举事件、南天一花园小区业主与物业公司的矛盾冲突事件等,在社会上引起了较大反响,不仅引起媒体的持续关注与报道,也推动了相关政府部门开始实施调研并拟定修改相关法规与条例。

深圳市 M 小区业委会成立过程中所呈现的问题,具有一定的典型性。为如何破解业委会"难产"之困提供了一个解剖的样本。其开始筹备成立业委会的时间是在 2016 年 3 月,在业委会成立过程中,业主、开发商、物业管理公司、社区工作站和街道办等多个主体围绕筹建业委会展现出的冲突与矛盾,以及内因与外因,都具有一定的代表性。在此之前,周边小区业主也在推动业委会的成立。有些小区比较顺利地选出了业主的代表,实现了业主参与式管理,有些小区虽然成立了业委会,但也付出了相应的代价,有流血冲突,有物业置换,有业主之间矛盾升级,对后期的自治管理带来了不小的隐患。有些小区耗费了大量的人力物力,最后却不了了之,不但没有成立业委会，反而加剧了业主与物业管理公司之间的矛盾。鉴于此，如何通过典型案例，挖掘出业委会成立中最核心的矛盾及问题，进而推动政府通过公共政策的输出予以解决，并在法律规范及政策指导下，街道办及社区工作站能够有效介入，指导并推动各个小区成立志愿性强，自治性高的业委会，让业主在小区管理中能积极作为，有效参与，实现业主自治，并进一步推进基层自治，是本案例研究的重点所在。

关键词：M小区；业委会；自治；基层治理

主要内容

一、案例背景

随着1978年住房制度改革和住房商品化的快速推进，单位制解体，社会主义市场经济体制逐步确立。政府的简政放权及职能调整，推动了基层治理体系中以社区居民为中心的自我管理、自我服务意识的形成及实践发展。随着城市社区建设的推进以及住房商品化的提升，物业所有权衍生出的业主自治权日益受到重视，业主自治的观念开始深入人心。业主自治，主要是以业主为核心，通过选举产生业主代表，成立业委会（业主委员会简称），参与小区各项事务的管理。业委会是业主大会的一个常设执行机构，由业主组织的业主大会依法选举出的业主代表组成。业委会代表全体业主对物业实行自治管理，是业主行使共同管理权的一种特殊形式，维护全体业主的利益，同时起着协调和处理个人与公众利益冲突的作用。业委会的人数通常是5-11人，且必须为单数。小区经过业主大会依法选举产生了业委会之后，业委会就将代表业主大会的意愿，将业主大会想要落实的决策实践化，贯彻业主大会公布的小区具体事项，并受到小区全体业主的监督。

从1991年9月，全国第一个业委会在深圳诞生至今，经过近三十年的发展，业委会在各地区的发展已渐成规模，在推动社区治理结构转型、为业主争取社区公共利益方面发挥了重要作用，已经成为我国业主自治和社区和谐稳定发展中的重要载体。但是，随着数量的增加，业委会所呈现出的共性问题也越来越突出。大致有以下几类：一是成立比例不高，全国业委会成立率不足50%，深圳不足40%；二是业委会成立后不作为；三是自治性不强，有些业委会成为物业侵占业主利益的工具；四是参与度不足，多数业委会成立后，业主参与率不足10%；五是业委会在充当业主与物业公司及基层政府之间的桥梁纽带的作用发挥不理想。究其原因，从现有文献的研究来分析，大体上有以下几种：

原因一：先天短板，业主参与小区管理的滞后性

我国绝大多数城市近七成的物业服务合同是由开发商与前期物业服务企业签订的，物业公共区域和设施设备的首次交接也是由开发商与其所选定的前期物业管理公司办理的。业主与物业管理公司之间，事实上存在楼盘开发与售卖过程中的空白时段。这种先天短板，导致业主无法在早期介入物业服务合同的签订。

原因二：选举程序复杂，业主共同管理权被虚置

现行法律规定：成立业委会，选举业委会成员要"双过半"。即业主投票人数过半，产权面积过半。而事实上这一要求很难实现。因为一般小区业主规模较大，入住时间不一，且筹备程序复杂费时，如果业主参与意愿不足，在限定时间内达不到要求，则无法成立业委会。

原因三：干扰阻力大，利益纷争及权利归属不明

业主组织选举工作通常会面临三方面阻力：一是开发建设企业会担心业主组织一旦成立后维权；二是部分物业服务企业害怕业委会的监督压力和一些隐性利益链条被打破；三是有的小区的公共收益被少数业主占有，他们担心成立业委会后，这些既得利益会被收回。还有一些权利，如停车场的确权等，尚无法律支撑。

原因四：知情权缺位，业主参与意识淡漠

大多数业主对业委会的运作模式、功能及作用不了解，对业主拥有的权限不关心，对小区公共收益的范围不明确，对物业管理公司的收支明细不掌握，对物业管理公司及业主的权利义务不清晰，信息交流不畅，参与意愿不强。

原因五：业委会运作不规范，公信力不高

业主大会是业主参与小区管理的决策模式，业委会是业主大会的日常执行机构。在已经成立业委会的小区，业委会不作为、乱作为，甚至不规范运作，违纪违法等问题的曝光，使得人们对业委会的认知度不高。

原因六：政府监管、服务及协调缺位

目前从国家到地方与物业管理及业委会相关的法律法规，对业委会的成立、运作等方面的规定缺少一定的可操作性，对政府的监管职能、服务职能及协调职能的相关规定也缺少明确的细则。使得住建局、街道办、社区工作站等部门在推动业委会成立中缺少明确的定位和有力的抓手。

深圳作为改革开放的前沿城市，在深化改革、推进治理创新方面成绩斐然，在社区治理领域创下两个第一：诞生第一个物业管理企业、第一个业主委员会。与上述两个"第一"相对应的现状是：有关物业管理的投诉逐年激增，社区矛盾跃升为深圳第四大社会矛盾；仅三成住宅小区成立了业委会，其中运转良好的业委会仅三成。

根据住建部门的统计显示，截至 2012 年年底，深圳物业服务企业管理的住宅项目超过 4200 个，已成立业主大会、选举产生业主委员会的住宅小区数量仅 1450 个，业委会成立比例仅三成。业界专家评估，已经成立的业委会中，仅三成运转良好。其余七成处于运作不良的状态，如换届不成功、瘫痪等。在不足 30% 运作正常的住宅小区里，主要呈现两种比较典型的业委会模式。一种是完全自治型，即小区大小事项，由业委会主导，小区居民共同协商管理。另一种是由业委会牵头，通过购买服务的方式，招标物业管理公司，双方明确权限义务，共同管埋小区[①]。

目前，深圳尚未成立业委会的小区数量比较大，这类小区管理上也存在着较多问题。主要是因为物业管理公司追求利润最大化，往往在公共收益、物业管理费用、本体维修基金等方面会与业主产生矛盾和冲突。在没有业委会协调和监管的情况下，物业管理公司与业主之间的矛盾比较突出。因此，在建设和谐城市和实现社区自治的目标下，成立代表业主利益

---

① 资料数据来自于百度网

的业委会,并使其发挥有效参与治理的作用,才能解决社区治理冲突,促进社区稳定与和谐,最终真正实现城市基层社区自治的局面。

二、案例描述:M小区业委会筹建背景及成立过程

(一)业主维权失败,呼吁成立业委会

2016年3月初,由于小区没有业委会,无法对物业公司进行监管,小区本体维修基金需由深圳市南山区住建局专管,物业公司若要使用本体维修基金,需要小区一半以上的业主签字同意才能启动本体维修基金。M小区物业公司想使用本体维修基金修建电梯、购买消防设备,但制作的预算与实际情况有很大的出入,因此业主不愿意签字。物业公司工作人员为了达到签名目的,以虚假签名试图上报,业主发现后与工作人员发生了争执,随即双方矛盾开始激化,这次事件让M小区的业主意识到,唯有建立代表广大业主心声的业委会,专门负责监督物业公司,才能捍卫自己的权益,保卫自己的家园,实现业主自治的局面。

(二)提出成立业委会申请,建立业委会筹备组

2016年3月20日,M小区业主代表向深圳市南山区××街道办莲城社区工作站提出成立业委会的要求,在南山区住建局物业科和街道办的帮助下,小区随即进入业委会筹备组人员的报名候选工作,报名通知在小区张贴之后,就有16名业主主动报名参加,社区工作站站长分别与这16个人进行谈话,说明具体情况:一旦成为了筹备组成员,就需要花费较多的时间和精力处理业委会成立事项,而且将会面临大量的组织工作,经过谈话之后,有3位业主提出撤销报名的要求,最后确定的筹备组候选人是13名。

2016年5月23日,经由13名筹备组业主候选人的集体投票,最后正式成立的筹备组由13名中的5名组成。一开始街道办和工作站负责人建议筹备组内业主代表是3名,由于广大业主多次探访社区工作站和街道办争取更多人数,筹备组的业主代表名额最终由最初的3名增加到5名,这

5名业主均代表了 M 小区的公共利益。筹备组成员包括：社区党委书记，5 名业主代表，物业公司代表共 7 人，社区党委书记担任筹备组组长。

（三）开通微信投票系统，确认业主身份

筹备组正式成立后，物业管理公司应该在 15 个工作日之内将 M 小区全体业主的花名册上报给××街道办事处，但是物业公司以保护业主隐私为由拒绝提交材料，一再拖延时间，筹备组内的业主代表曾多次跟物业公司负责人交涉，物业公司依旧不予配合，影响了整个筹备工作进程。在此情况下，业主代表和义工们挨家挨户"扫楼"向业主表明提供信息的重要性，普及成立业委会的法律程序，得到了大部分业主的理解和支持，并收集了业主的联名签字申请，向街道办事处说明了具体情况，街道办事处向筹备组推荐了微信投票系统，业主大会筹备组只需将小区住户数量、微信绑定人数、会议表决议题、业主大会会议起止时间等材料上报给街道办事处，筹备组在 15 天内提供了以上材料，但是微信投票系统是由深圳市住建局开通，要求小区的本体维修基金必须全部缴清，但是物业公司此前并没有将本体维修基金上缴到住建局，这样就无法开通微信投票系统，因此，筹备组一方面发动业主进行声援，催促物业公司尽快上缴本体维修基金，另一方面通过深透社与住建局协调，特事特办，最终在 2016 年 6 月 25 日开通了微信投票小区端口。

2016 年 6 月，筹备组成员参加了由深透社与深圳市住建局物业专项维修资金管理中心联合举办的微信投票的答疑培训，此次培训约有 50 个小区 85 名业委会代表参加，大家都收获颇丰。2016 年 7 月，筹委会经过多次会议讨论，研究出业主投票规则及业主大会议事规则。2016 年 7 月 12 日，为确保广大业主均能参加投票，达到法定业委会成员选票"双过半"的要求，小区业主踊跃报名义工，开展微信绑定工作，通过公共区域摆展台、贴公告、发消息至微信群和微信公众号等方式对业主宣传微信投票系统，呼吁业主关注公众号，各楼栋业主之间相互指引微信绑定，后采取各楼栋滚动接龙的方式统计已经绑定的业主。除此之外，对《业主公约》《业委会章程》《业委会选举办法》（3 个公约），征求业主意见。

（四）业委会候选人员报名及其资格审查

2016年10月至12月，业主大会筹备组成员多次在莲城工作站召开协调会议，在南山区××街道莲城社区居委会的指导下，M小区开始组织选举工作，主要的方式是在小区内摆展台进行宣传。2016年11月9日，在社区工作站站长的指挥协调下，筹备组成员在M小区内摆展台，呼吁小区业主踊跃参与业委会成员的候选，不料物业公司相关人员以扰乱公共秩序为由直接砸摊，还与一名义工发生争执，物业公司相关人员甚至殴打该名义工，引来其他业主的强烈不满，由此导致物业和业主的矛盾进一步升级并恶化，最后在派出所备案。

物业公司违反规定，无视由××街道办和莲城工作站督导下的筹备组会议决定，不配合进行业委会选举宣传工作，并不断进行阻挠，如阻止业主进行身份绑定，利用停车位等资源"绑架"业主参选，以取消停车位使用权等要挟代表业主利益的候选人参选，阻碍业主为候选人签名，拒开业主"无欠费证明"，自行推荐业主参选并伪造业主签名等。此外，物业公司故意拖延业委会选举进程，使其无法在规定时限内进入下一个流程。2016年11月5日，筹备组成员收集了真正代表业主权益的21名业委会候选人名单，根据规定，只要是业委会候选人，其小区物业管理费必须全部缴清，并向社区工作站提供无欠费证明，物业公司有义务向社区工作站提供业主的无欠费证明，但是物业公司以丢失为由拒不提供，导致候选人无法按时提交齐全的资料，筹备组只好申请延期15天，期望候选人能找到自己之前的缴费收据，并提交给社区工作站。可就在此期间内，物业公司自行推荐了24位候选人，并将名单提交到社区工作站。为此，2016年11月15日晚，业委会筹备组成员在莲城社区工作站召开会议，会议内容主要有两点：一是尽快收集候选人的缴费收据，上报给街道办和社区工作站；二是对所有候选人的身份进行甄别，对推荐人一一上门核实。

2016年11月20日至12月19日，M小区业委会选举正式进入候选人和推荐人资格审查阶段，核实方式为逐一上门核实。工作小组由莲城工作站人员、筹备组成员小区业主义工组成，时间段为晚上8点至10点，分两组进行，主要询问业主的姓名、电话和推荐的候选人这3个问题。业主推荐的21名候选人加上物业公司推荐的24名候选人，总共有45位候选人和450位推荐人待核实，本以为核实工作可以在两周之内完成，以便后续的工作顺利进展，但是，核实候选人阶段整整用了一个月的时间，物业公司在此期间内一直不断地阻扰，比较有代表性的事件是重新划分业主的停车位和劝退一名筹备组成员。最终，在社区工作站、筹备组成员、小区业主义工以及广大业主的共同努力下，业委会候选人从45名中核实出17名合格人员，其中24名物业推荐候选人员全部不合格。

（五）候选人员公示

2016年12月20日，经小区业主投诉，以及南山区住建局多次发函催促，物业公司向住建局补缴了2013年10月至2016年9月期间的所有本体维修基金。（本体维修基金由住建局代为保管，小区成立业委会之后，业委会可以向住建局申请利用本体维修基金进行电梯维修和购买消防设备等。）2016年12月27日，小区的业委会选举工作进入候选人公示阶段，除两名候选人因为特殊原因没有进行核实之外，对其他小区候选人的身份均进行了甄别核实。M小区物业管理区域业委会将由9名委员、4名候补委员组成，将实行差额选举的方式，有17名候选人，从17人中选13人。候选人名单公示时间为31天，预计2017年春节后开始投票。截止到2016年12月29日，微信绑定小区住户数为586户，小区总户数为1015户，已绑定住户面积为64571.01平方米，小区的总建筑面积为117645.82平方米。业委会筹备组接下来的工作重点将是提高业主微信绑定的数量和比例，为进入业委会委员选举投票阶段做准备。参见图1。

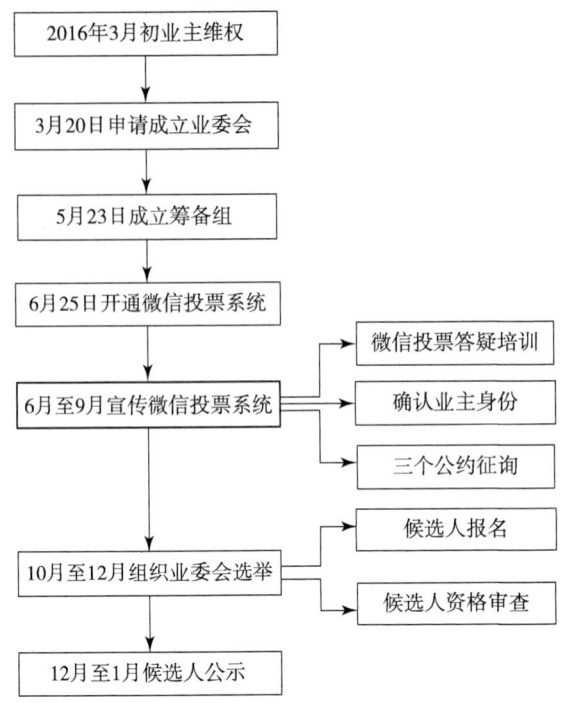

图 1　M 小区筹建业委会阶段图

（六）无疾而终

小区业委会的成立，从成立之初的动员宣传，到候选人的公示确认，历时两年之久，在进入正式选举之前，由于物业公司相关人员举报，业委会筹备组成员及候选人存在违建行为，不具有被推荐资格，又陷入了一个死循环。而所谓的违建，是购房之初，开发商为了增加销量及提高销售价格，将在住建局备案的入户花园部分，允许业主封闭使用，并且也获得了物业的许可及通过了其验收检查。而物业管理公司隶属于小区的房地产开发公司。小区业主也与相关职能部门进行了多次沟通协调，但现行法规有些规定较为模糊，而小区违建又属于历史问题，候选人等被举报违规后，相关部门并未上门查处，但有违建问题，就不能再继续参选，耗时两年的业委会选举，无疾而终，经过业主多方的协调与努力，仍然无法走出"难产"之困局。

三、案例分析：

（一）M小区业委会成立过程中的问题分析：

1. 各主体参与意愿程度较低

（1）业主态度冷漠，搭便车现象普遍。由于成立业委会的全过程均离不开业主的参与和支持，因此成立业委会最重要的群体是业主，如果一个小区的一大部分业主认为有必要成立业委会，那么小区成立业委会的进程会更加顺利。虽然多数业主愿意参加到业委会的投票选举中，但是依旧存在一部分业主不愿意参与投票或持无所谓的态度。M小区的部分业主也是如此，担心投票或者做义工会被物业管理公司打击报复，担心已经获得的固定车位会被取消等，表面上重视维权，希望成立业委会，但实际上却在观望。

（2）业主内部分化严重，意见分歧大。按照相关条例规定，筹备业委会至成立业委会的时间需在6个月以内，但是由于情况特殊，M小区业委会筹备却历时1年之久。按照相关条例规定，成立业委会需要经过几个必要的流程，也需要在全体业主的共同协作下完成，并捕捉到每一个阶段合适的契机。业主之间有些问题较难达成共识，如有些人认为没有必要成立业委会，所以参与业委会投票时并不积极；有的业主虽赞同成立业委会，但需要提交个人资料及房产相关信息时，拖延不配合，还有一些原本充满热情并积极参与的业主或义工，在后续阶段产生了懈怠或消极情绪，不愿意抽出更多时间和精力来推动业委会的成立。还有些业主在与物业公司或者政府工作人员沟通维权的过程中没有抓住机会，产生畏难情绪，没有继续跟进和推动，使得事情不了了之。

（3）物业公司不配合，阻碍业委会成立。M小区业委会成立时，物业公司表现为消极不配合，具体表现在：其一，筹备组成立期间，物业以保护业主隐私为名，拒不提供全体业主的花名册和联系电话。其二，开通微信投票系统时，是由深圳市住建局开通，本体维修基金必须全部上缴，但是物业并没有上交到住建局，这样就无法开通微信投票系统，后来筹备组没有办法，只好一方面催物业上缴，另一方面通过深透社与住建局协调，绕过了本体维修金,直接开通了微信投票。其三,在微信绑定时要进行业主身份认定,物业公司以不安全为由阻扰业主绑定,并多次阻扰义工及社区工作人员正常的宣传活动。其四,物业公司自己推选业主代表,并提供虚假签名。其五,物业公司相关人员对积极参与者进行打击报复,取消车位,言语恐吓等。其六,在候选人确定后,物业公司举报候选人及筹备组成员违建,致使业委会成立难产。

2. 组织操作执行能力弱

(1)筹备组职权弱化。业委会成立发起人是整个团队的核心人物,发起人往往具备坚定的信念,有着强大的影响力、人际交往能力和组织谈判能力,这样才能带动小区业主进行有效维权,也能在业委会成立过程中联合其他业主顺利召开业主大会,增加业主微信绑定数量,率领维护业主利益的团队进行公平选举,成功推动业委会的成立。此外,发起人除了本身所需具备的素质之外,还需要有真正的领导权力。但在实践中,M小区的发起人是筹备组成员之一,身份是小区业主,然而筹备组的组长是社区工作站的书记,是各项工作的召集人及协调者。在现有的法律条文中,社区工作站的负责人对于推动各小区成立业委会,并没有特别明确的强制性权力,对于各种难题的破解也没有太好的办法,包括街道办的相关负责人,筹备组成员曾多次沟通,也没有实质性进展。

(2)基层政府权责界定模糊。《物业管理条例》规定,基层政府部门对业委会成立负有指导和协助职责,但现实中,对于基层政府的执行人员在处理实际事务时,具体如何指导成立业委会,办事人员各承担什么职责,工作范围和内容等却没有明确的规定。比如介入的范围、深浅程度不明确,指导和领导、参与和包办、监管和压制的分寸都不好把握。另外,街道办分管物业管理工作的人员经常更换、调整,导致这方面工作被边缘化,不能做到长期专人专办,指导工作难以专业化。政府基层部门物业管理方面的工作人员专业知识水平参差不齐,对成立业委会的重要性认识有偏颇,法律条款不熟,指导业主组织成立、运作方面的职责不清等因素,导致指导协助力量不足,影响政府指导的工作成效。而且政府相关部门的管理权责不对等,在业委会成立方面都没有对政府相关部门的责任进行明确规定。如果政府的行政干预出现错误时，没有相关部门负责，这样会导致行政干预低效、业主维权投诉困难，还会导致多部门互相推诿扯皮的现象发生。

（3）业主宣传动员能力有限。从严格意义上讲，受传统治理方式的影响，业主的治理能力尚且不够成熟，目前 M 小区还没有完全进入自治型治理阶段。筹备组成员、发起人以及义工等积极业主都是兼职、义务开展工作的。他们的时间和精力都不够，对政策、法规学习机会少、不专业。恰恰是这样一群人要去面对政策性强、责任大、任务繁重的工作，显然是力不从心。小区义工是指自发形成的、为业主利益争取权益的业主积极分子，在业委会成立过程中，义工通常是人数最多，办事效率最高的群体，如小区需要派发宣传手册、扫楼确定业主身份、核实候选人身份或者传达业委会成立进程等，义工群体往往会配合发起人共同推动业委会成立事项，因此，义工也是业委会成立的核心团队成员之一。在 M 小区，即使大部分义工都能很好地配合发起人处理业委会成立事务，但是依旧存在一些并不积极参加的义工，或者没有时间参加、后期也没有精力参加，此外，有些义工在参与业委会成立过程中受到了物业公司的利益诱导，考虑到自身的权益，往往无所作为。

3. 筹建业委会遭遇实践性瓶颈

（1）法律法规缺乏可操作性。成为业委会候选人有自荐和推荐两种方式，这两种方式都需要提供业委会候选人申请表，而且必须有 10 名以上的业主同意签名名单，当业委会成立事项进入候选人报名阶段时，筹备组需要将所有候选人的材料进行核实。由于业委会成员只能在业委会候选人中产生，因此，筛选合适的候选人显得尤为重要。但是，M 小区的业委会选举工作被物业公司相关人员一再阻扰，成立之路变得困难重重。业主代表通过自荐和推荐的方式选出 21 位候选人，物业管理公司也推荐了 24 名候选人，在法律层面上，无论是业主推选的候选人还是物业公司推选的候选人在理论上都是合法的。但众所周知，一旦物业公司推荐的候选人进入业委会，有可能会削弱业委会的自治性，甚至将业委会变成物业公司的傀儡机构。在成立业委会过程中，最大的难点在于：如何在众多候选人当中筛选出真正代表业主利益、代表公共利益、有爱心、能够按照法律条款办事的候选人。此外，现行的法律规定也增加了业委会成立的难度，如业委会成立条例中规定候选人要遵纪守法，并没有明确的条款细则，对于候选人来说往往受制于这一笼统的规定，如交通违章、违建、治安处罚等都可以被取消候选人资格。

（2）业委会成立程序繁琐，组织难度大。尽管深圳市特区立法有所创新，但总体来说，法律制度的限制对于成立业委会存在多方面阻碍。2014年深圳出台了物业管理条例实施若干规定，从规定内容来看，删除了业主自治的内容，加强了对业委会的监管。对比《物权法》第七十八条、《全国物业管理条例》第十二条与深圳现行条例第十八条，此次修改提升了业主大会的地位及权限。另外，新规定的出台还伴随着流程复杂耗时的问题。根据调查，在实践中，很多小区难以按期召开首届业主大会，往往出现业主大会筹备成立周期长或陷于反复筹备成立的怪圈的现象。M小区建立筹备组的操作程序十分复杂。业委会成立过程从开始提交申请到选举成功，至少都要经历几个月，其中还有很多的文案撰写和材料准备，如果遇到业主想法不同、积极性不高、筹备工作进展不顺时，往往会让原本满腔热情替大家办事的业主渐渐丧失信心，现实中也常发生超过规定期限未能召开业主大会又重新展开新一轮筹备申请的情况。

（3）利益相关者间的利益博弈。在业委会成立过程中，各主体之间存在着一些利益冲突或利益关联现象。例如业主与物业公司之间的利益冲突关系，在小区管理范围内，业主与物业公司的矛盾产生不可避免，在日常生活中，业主经常会因为固定停车位、小区电梯安全、购买消防设施以及本体维修基金的事情与物业公司产生矛盾纠纷。如果业主对小区的物业公司服务不满意，业主就会通过成立代表业主利益的业委会，业委会可以选择重新聘请新的物业公司管理小区事务，原有的物业公司就会被淘汰。介于此，物业公司为了维护自身的利益，阻止业主成立业委会。此外，开发商或物业公司与街道办、社区工作站、物业科等基层政府之间，有着微妙的利益关系。这种利益关系体现在，社区工作站和街道办在人财物等方面对物业公司有很多的依赖性。实际上，在治理理论的框架下，以政府为主导，多元主体共治的格局在基层治理中多有实践。基层政府往往承担较为繁重的工作任务，在人手不足、经费有限的情况下，周边小区的物业公司往往会纳入社区治理的主体框架内，承担着内保外防、治理维稳的重任。在小区业主、物业公司、社区工作站等主体间，存在着相互依存、相互博弈的利益关系，使得业委会的成立增加了复杂性。

思考题

1. 你认为业委会难产的主要原因有哪些？
2. 从主体参与意愿程度、组织操作执行能力以及筹建业委会遭遇实践性瓶颈三个方面分别提出完善M小区业委会成立的对策建议。

五、案例教学手册

案例名称

如何破解业委会"难产"之困？——以深圳市M小区为例

课前准备

案例收集、资料准备

使用对象

MPA学员

教学目标

①了解社区治理各主体之间存在普遍性矛盾，提出科学解决矛盾的措施。

②了解深圳市M小区成立业委会面临的现实困境及其原因，以及透过此案例提出解决其他小区成立业委会难的对策建议。

要点分析

（一）M 小区业委会成立过程中问题的原因分析

1. 小区主体角色定位模糊

（1）业主缺乏自治意识。对于小区成立业委会的事情来说，业主参不参与都是自愿性的，旁人不能强迫其行为。部分小区业主之所以对成立业委会持冷漠的态度，甚至持反对态度，是其缺乏自治观念的体现。自治是一种自我觉悟，一切自治行为的产生都是由自治意识引起的，业主倘若没有自治意识，就不会积极主动地参与小区业委会成立事项，也就不存在业主的自治管理行为。现阶段，业主缺乏自治意识表现在：一方面，业主的自治观念存在偏差。受传统分配住房制度的影响，许多业主的思想还停留在过去，导致业主的产权意识不明确，甚至根本没有产权意识。另一方面，业主的归属感低。现在许多小区的业主将房屋租赁给其他人，拥有房屋产权的业主不住在小区，租户和业主之间的沟通交流不多，许多业主缺乏邻里交流，缺乏公德意识。因此，多数业主对于业委会的成立表现冷漠，未能积极主动参与小区公共事务管理。人们的传统思维根深蒂固和缺乏培养自治意识的土壤就是自治意识不强、参与公共事务精神薄弱的原因，这也是导致业主自治意识淡薄，业委会的成立面临困境的根源之一。

（2）物业公司受利益驱使。与代表业主利益的业委会不同，物业公司是盈利性企业，代表的是自身的利益，在双方利益达不到共识的情况下必然会产生许多矛盾和冲突。物业公司并没有认清自己的角色地位，而是一味地在乎自己的利益得失，而忽略本身的职责。事实上，物业公司在小区管理过程中的角色是服务而不是占有。很明显现在许多小区的物业公司反客为主，没有认清角色，为了自己的利益而损害业主利益。例如，业主希望成立新的业委会代表业主和物业公司进行沟通谈判，为业主争取权益，但是物业公司的利益在此时会受到影响，因此物业公司为了维护自身的利益，会强烈阻止业主成立业委会。这是本案例中业主与物业公司矛盾冲突激化的原因。

（3）核心人员专业性不足。从某种意义上来说，业委会成立的核心人员专业化程度低是造成小区业主、发起人、义工以及筹备组人员难以共同协作的重要原因。成立业委会的核心人员包括业委会成立发起人、筹备组的业主代表以及积极义工。发起人需要超强的领导能力和抗压能力，筹备组人员需要动员能力和组织能力，义工需要耐心和细心的精神，除此之外，还需要这三者积极协作，合作共治，共同为业委会成立目标而努力。可是在实际情况中，业委会成立事项需要发起人和筹备组成员十分了解法律和其他相关条例规定，其中还需要解读许多专业词汇，必要时要向其他业主进行普法教育，如果核心人员对业委会成立的专业知识不够了解，那么将不利于业委会成立。就目前M小区的整体状况来看，业主对相关专业知识还很不了解，业主几乎不清楚成立业委会的流程和规则。而成立业委会需要的综合能力较强，涵盖对物权法、房屋产权、资金运用等知识的了解，如果成立业委会的核心人员不专业，就会让物业公司趁机损害业主的利益，进一步影响业主与物业公司的关系，导致两者的矛盾加深，影响业委会顺利成立。

2. 业委会成立机制不健全

机制不健全是业委会成立过程中存在困难的重要原因。我国《物权法》在一定方面界定了业委会的行使职权等相关问题，然而关于业委会的主体资格却没有清晰的界定，导致业委会的主体资格定位模糊，业委会成立的法律程序也有很多不完善的地方。尽管深圳地方法规是认定业委会的法律主体地位的，就是可作为被告和原告进行民事诉讼或者行政诉讼，以供业主及业委会的维权之需。对于深圳市而言，条例和法规上是否对成立业委会的法律主体地位明确作出规定已不影响其成立程序，但是没有明确成立业委会的相关指导部门，社区工作站管理的事项繁琐，很难兼顾业委会成立事项，导致M小区业委会成立过程中缺乏专门的指导部门，遇到一些需要政府协助的问题时，基层政府官员常常操劳于其他事情而无暇顾及，导致业委会成立进程十分缓慢。

另外，无论是《物权法》还是《深圳经济特区住宅区物业管理条例》这些国家层面的法律法规中都没有对业委会成立经费的来源进行规定，以致造成许多业主因为没有资金，又没有专业人员协助，参与的主动性不高，因而很难保证小区顺利成立业委会。

《物业管理条例》规定，基层政府部门对业委会成立负有指导和协助职责，但现实中，对于基层政府的执行人员在处理实际事务时，具体如何指导成立业委会，办事人员各承担什么职责，工作范围和内容等却没有明确的规定。

3、社区管理主体权力难以发挥

众多小区在成立业委会的过程中，存在着政府高度重视维稳、利益相关者之间寻租腐败以及业主社区治理能力薄弱等困境，造成这些困境的原因很复杂，然而，其中最根本原因在于社区管理的权力难以平衡。在公共治理环境下，政府权力要求下放，社区治理也是如此，但是政府的权力在下放过程中难以衡量小区治理主体的能力，造成政府难以将权力下放的原因主要表现在：

一是政府在稳定小区秩序方面过于依赖物业公司。政府需要响应国家号召，维护小区和平安定，一旦小区出现了不稳定情况，政府就会依赖物业公司去维护小区秩序，物业公司具有较为充足的资金来源、强大的开发商背景作为依靠以及多年的小区管理经验，在这种业态下，政府的关注点会适当偏向物业公司。

二是利益分配制度的设计存在缺陷。现在很多小区的公共区域划分没有明确标准，车库及停车位的产权归属不清晰，公共收益的计算有些没有相关的法律依据，使得业主与物业公司在利益分配中容易产生矛盾。

三是业主的小区治理能力薄弱。由于业委会成员大多是兼职人员，平时忙于自己的工作，对如何治理小区，如何实现有效的参与式治理等知识储备较少，同时缺少对业委会运作的专业化培训，和其他小区业委会之间也缺少互联互通，缺少交流学习，往往在成立后对小区的治理能力不尽如人意。

（二）破解"难产"之困，推进业委会成立的几点建议

1. 树立自治理念

（1）提高参与意愿，规范物业公司行为。业主缺乏参与意识是制度和

观念的原因，建筑物区分所有权的制度建成时间较短，同时业主传统的观念根深蒂固，说明这种新形式的所有权归属不易，需要一个长期的过程。要树立业主的自主理念，引导业主踊跃参与公共事务，法律条例制度的完善起着重要作用，因为只有法律条例被业主接受，才能被遵守和使用。为了提高业主的参与意愿，在完善法律法规的同时，要尽量使用简单明了公民容易理解的法条语言。加强法制宣传，让业主可以更加明白地了解权利和履行义务。比如通过文艺表演、知识竞赛、咨询解疑、图版展示等形式的活动，群众喜欢，宣传影响力度又大，对业主自治理念的培养形成具有积极作用，这样，业委会可以更加有效地建立和运作，以达到最大程度的自治。物业公司参与意愿度低的主要原因是受利益驱使。一方面，要完善物业条例法规，规范物业公司的行为，细化物业公司的权利和义务。使业主和物业公司双方的权利与义务达到相对公平的状态；另一方面，业主和物业公司之间要相互尊重彼此的合法化利益。尽管业主和物业公司的利益不相同，但是彼此要充分考虑对方的权益需要，共同协调、协作，一起促进小区各方面的发展稳定。业主期望物业公司建立一个稳定、和谐、舒服的小区生活环境，进一步提高小区范围内业主的生活质量，而物业公司则期望通过自己对小区的管理与服务来取得一定的收益、进而得到业主的肯定，因此，双方间的利益可以经由履行合同来实现，在遵循契约条款的前提下，业主和物业公司都应该履行自己的权利和义务，不能只顾权利的发挥而忽略应该承担的义务。例如，在物业管理费的缴纳上，业主应该按时提交，物业公司也应该在业主提交物业管理费的时候出具相关明细和收据；在小区固定停车位的问题上，物业公司要按照规定事先划分好停车位，不能以公谋私，业主也应该积极配合物业公司的工作。双方只有按照条约实现自己的权利，履行相应的义务，互相尊重各自的合法权益，小区才能在业主和物业公司的共同配合下实现安全、稳定、和谐的目标。

（2）培育主体精神，提高核心成员素质。政府可以通过培育业主的主体精神，运用微信群的方式向业主普及条例法规，组织开展专家讲座，通过专家授课和互联网传播的方式对业主的法治意识和业委会成立专业知识进行详细的指导，然后通过对业主的疑难问题进行解答，让业主对业委会成立的流程和规则掌握熟练。经过一系列的讲座、培训和答疑之后，业主的产权意识加深、自治理念更为深入，继而从以往传统的思维转换为现代主人翁意识，在业委会成立过程中发挥自治作用，实现自我利益诉求。此外，业委会成立的核心成员应该加强对国家政治、法律法规学习，以熟知业委会成立规则和流程，提高自身的专业素质。业委会核心成员提高自身的专业素质的同时，其他业主也需要去积极地改变、参与到实践中，深入了解小区管理范围内业主相应的权利和义务，加深业主的主体资格理念，消除过去业主对于自身权利限制的不理解与排斥，消除过去对所在小区公共事务的忽视与疏远。发起人还可以采取多种形式长期不间断地开展法规条例传播，动员组织法律法规的普及和传授、创建小区微信普法联系平台、进行在线有奖问答、分发业委会相关法律知识宣传手册等，在潜意识内加深业主对业委会成立相关法律的了解程度，进而加强业主参与业委会成立的积极程度，与此同时提供给业主像意见箱、论坛留言区等反馈渠道，增进小区事务的透明度和公开度，促成业委会成立。只有小区业主的自治意识和主体精神有所加强，业委会成立核心成员的素质得以提高，业委会成立进程才会更快推动，成立目标才会更快实现。

（3）强化合作意识，共同争取成立契机。在当前的情况下，业委会的成立往往会受到来自多方面的阻力，如来自于业主的误解、物业公司的阻挠，使得业委会筹备工作很难进行，这其中很重要的原因之一就在于业主认为成立业委会是吃力不讨好的事情，往往抱以冷漠的态度。因此，可以采取对积极业主进行奖励和表彰的方式，使得在成立业委会过程中发挥了积极作用的业主能够得到相应的报偿，有利于促进业委会成立。此外，业主与筹备组、业主与候选人之间的合作意识不够强烈，不能达成一致意见。因此，无论是业主还是筹备组、候选人，都需要重视弘扬我们国家古代重视邻里之间和睦充满人情味的良好理念，在社会交往中注重互动、交流、合作和共治，一起学习以诚待人、理解、彼此尊重的优秀品德，以及突破不良僵局状态，抑制业主与物业之间的矛盾冲突，形成业主和物业公司之间的信赖，搭建起业主与候选人之间的桥梁。小区里的横向关系网络越稠密，那么业主容易为了一致利益去合作，让业主们形成一套互惠互利的集体规范。比如，在进行与物业公司维权的过程中，不再让积极分子作为少数孤立群体与物业公司作斗争，而是集合所有业主一起，达成合作共识，在恰当的时机作出正确的选择。因此，业委会成立的核心成员需要担起让业主开展对等交流的责任，在可能的形式下通过采取所有的方式使业主深刻明白业委会成立带来的好处，并搭建起业主们横向交流的网络平台，使业主和业主之间多加交流、加强合作、不断博弈，在这个基础上彼此认同，实现统一共识，彼此理解支持，慢慢地产生信任、合作、互助、稳定的小区氛围。

2. 优化外部机制

（1）发挥主体功能，构建小区法制环境。业委会的主体资格不明了，缺乏合法性地位，是业委会成立难的制度困境。因此，确立业委会的主体资格，将有利于业委会在法律上得到认可，有利于各个小区成立业委会。一旦业委会的主体资格得到确认，就需要在各个制度环节上对业委会的主体资格加以落实，而这些具体落实措施将会成为业委会成立道路上的规划重点。政府应当完善配套法规，将突出的政策力量转化成相应法规。首先，将《业主大会和业委会指导规则》和《深圳经济特区住宅区物业管理条例》之间容易造成业委会成立过程中的争议和困扰的不一致之处进行统一修正；其次，借鉴港台地区的先进做法规范业委会成立管理工作，如香港业主立案法团对召开业主大会所要求的法定人数相对较低，业主立案法团筹建以后，在至少5%的小区业主请示下，管理委员会即根据小区业主所指具体事项组织展开业主大会，这5%是支持成立管委会的人数，不需要考虑业主所持有的业主产权份数，因此业主大会的决策效率较高，还能防止物业管理公司以业主的身份干扰阻碍召开业主大会的决议。又如内地选举业委会时，在业主大会上采取的是"绝对多数决议"的选举形式，业委会成立门槛比较高。因此，可考虑采用香港业主立案法团的"相对多数决议"制度，即在成立业委会的选举投票中，只统计业主的有效票数以及支持票数和不支持票数的百分比，不统计其他票数。

（2）提高办事效率，简化业委会成立流程。由于成立业委会的流程复杂，耗时较长，主要原因是由于业主对业委会成立的流程不了解，以及行政人员的服务意识不强，影响业委会成立进程。因此，应该强化业主对业委会成立的专业化程度培养和强化对政府行政工作人员相关小区自治管理服务专业指导培训。同时，应当适当简化业委会成立流程，加快小区业委会成立。例如，《深圳经济特区住宅区物业管理条例》规定，进行业委会选举之前应达到人数和面积双过半的要求，这对于有的业主将房屋出租给租户的小区来说是一件难以达成的目标，这样不仅会影响业委会候选人选举，还会造成业委会成立进度拖长，对后续业委会备案造成相应的困难。在提升参选业主专业水平方面，除了需要具备基本的政治理论水平，也需要具备社会工作的专业知识和方法，比如，公共管理学，社会学，教育学，社会心理学等。在处理与物业公司矛盾的时候，既要会使用传统的一些行政资源，熟人关系和道德情感，也要会使用一些先进的经济学思维，法律等有效解决社会问题的方法和手段。比如，懂得采取法律诉讼和援助的方式，也要学会使用心理学的方法来处理和调节小区业主之间的沟通与合作。除此之外还应该学习基本的沟通交流技能，来处理邻居之间的矛盾。最重要的，还应该学会成立业委会的知识和专业技术，来解读大量有关于业委会成立的条例细则，以及涉及住房合同和与物业有关的纠纷。

（3）加强政府指导，设立专门性办事机构。政府应该明确职责部门与分工，如业主大会召开、业委会成立过程中的指导和协助职责，业委会成立过程中的协调、问题调解和日常事务的监管等由街道办、社区工作站主导负责；房管局负责全市的物业管理行政管理工作的规划制定、宏观指导、协调、监督、检查。由于政府要处理许多小区的业委会成立事项，因此没有过多的时间和精力专职专办，往往对一些业主维权和投诉置之不理，因此，更应该设置一个专门性的办事机构，负责管理业委会成立事项，包括物业公司和小区业主之间的利益纠纷、法律条款解读等，小区物业管理问题容易滋生矛盾和争端，影响小区和谐稳定，最终会影响业委会的顺利成立，对小区物业管理指导、监督是否到位是治安稳定的关键因素，明确的定岗定编对物业管理问题得到及时解决有积极作用，能够有效化解小区矛盾。通常一个业委会成立需要花费6个月的时间，有些遇到阻碍大的小区花费1年以上时间的也不少见。如果负责管理业委会成立的基层部门工作效率不佳,从事人员不固定、频繁调动或身兼多职,都会影响业委会成立进度,因此,政府要配备专职人员,并确保人员的相对稳定性、不经常换岗。同时可以依据街道管辖范围大小和工作需要,招聘具有业委会成立专业背景知识的协管员,配合、辅助正式职员的工作,因岗位专业水平要求高,待遇也应适当提高。例如,先试点,向社会招聘专业人员或相关专业的应届大学毕业生以合同工形式从事街道业委会成立工作,给予工作表现好的人员晋升机会,若成效显著,就要总结完善措施,在全市推行。

3. 搭建权力平台

(1) 创新小区管理,构建互动交流平台。基层政府、业主和物业公司应共同协力在社区开展业主联欢会、知识竞赛、体育比赛等形式多样的文化活动,拓展邻里的沟通渠道,以此增加小区治理中各方的密切联系,增进理解,消除可能的误会和对立情绪,阻止不信任导致的不合作现象。有了这些文化交流的平台,小区主体在平时休闲的时间里经常聚在一起参加活动,有利于提高小区主体之间的精神交流。通过精神交流,可以让人们的价值观和世界观产生高度的融合,培养了业主怡神养居、健康文明的人生态度,给物业公司传达了一种淡泊名利的精神,从而营造出良好的社区氛围。有了团结友善、民主共治的社区文化环境,许多业主与物业之间的冲突就可以得到有效避免,即使发生了冲突也会在和谐氛围环境下的小区内轻松解决。此外,还可以根据先进的高科技信息技术,设立小区业主微信群、QQ群、小区家园贴吧等,业主之间利用互联网的方便快捷性进行沟通交流,在微信群或者QQ群内交流小区日常事项,加强业主之间的合作互助和相互了解,是解决业主之间的交流沟通问题的有效途径,促进小区业委会顺利组建。

(2) 定位政府角色,完善监督制约机制。首先,政府要为业委会成立提供法律、政策等方面的支持,通过各项法律和政策,引导业委会有序成立,维护业主的合法利益;其次,政府要大力培育和扶持业委会,特别是做好业委会成立的指导、引导,提供必要的支持和协助,促进业委会成长成熟;再次,政府要协调业主、开发商、物业公司、租户等小区各方主体的关系，使小区各方主体为了小区的整体利益和目标协调一致、密切合作；最后，政府要对业委会的成立进行有效监督，加以规范约束，维护业主的整体利益，促进小区的和谐发展。政府应该对物业公司进行监管。一是政府有关行政部门要规范物业公司对物业管理费的收取，应当按照条例规定参与费用制定方案和监督核查；二是基层政府应当监督本辖区的物业公司招投标活动；三是参加制定本体维修金的方案制定和监督检查其运用情况；四是当物业公司不遵守条例规定时，进行行政处罚或者行政处分。同时也应加强对政府的监督。政府要积极推进业委会成立，履行监督管理的职责。政府的监督已经不像过去实行直接干预或直接操作，应在大方向上进行指挥和指导，如在业委会成立过程中，政府部门的职责是配合业主进行业委会成立的筹备工作，认真解决业委会成立过程中遇到的问题，察觉和制止滥用权力或者消极懈怠、无所作为的情况发生。

（3）合理配置资源，实现多元高效治理。政府应该制定权力转移方案，通过业主、物业、基层政府三方共同协商沟通，确立一个三者之间的合作关系，将基层政府职能转变为多元化、全面化方向发展，为社区营造一个相互协作的自治环境，从而实现资源的合理化配置，实现多方主体的利益需求。此外，政府应该将自己的角色从操作者转变为指挥者，带头指挥社区主体之间的具体职责，促进整个公共事务的发展，提高社区自治的有效性。政府在公共治理中是主角，如果要利用资源的话，就需要依靠物业公司发展人财物。因此，在基础资源分配上，政府往往会偏袒物业，忽视业主的能力，今后政府应该重视业委会的作用，不要单纯依靠物业公司，而是更多地依靠业主的积极参与和业委会的治理能力，摆脱对物业公司的依赖性。在实现多元高效治理方面，政府要转变自身观念偏见和执行习惯，不能忽略业委会的自治作用。政府不能过于依赖物业公司，要看到业主选举产生的业委会具有强大的自治作用，加之业委会代表的是小区业主的权益，是集民心所向选举出来的自治组织，对于维护小区业主的合法权益，维护小区和谐稳定发展，促进基层社区自治发展有着十分重要的作用。因此，政府要重视业委会成立过程中遇到的困难，帮助解决相关矛盾冲突，积极协助业委会产生，促进社区自治。

课堂安排

案例阅读与分析

分小组讨论

各小组陈述结论

其他教学支持

资料复印

社会企业支持平台何以成为行业引擎？
——以香港社联社企商务中心（SEBC）为例

罗文恩

（深圳大学管理学院）

摘要： 本案例描述了香港社联社企商务中心推动当地社会企业发展的核心策略。社企商务中心是一家促进社会创新及社企发展的协作平台，通过各项伙伴计划，促进商界、政界、专业团体与社会企业之合作，提供种子及扩展基金，支持社会大众开办社企，并透过各项能力建设及公众教育活动，推动责任消费及社会创新。案例回顾了香港社企兴起的背景和香港社企商务中心的发展历程，并对其推动社企发展的策略进行探索，揭示了社企支持平台作为创新生态系统的重要组成部分，扮演资源链接者角色，推动社会创新及社企发展。目前我国内地社企尚处于发育阶段，该机构发展经验对内地如何支援社企发展提供了积极借鉴价值。

关键词： 社企商务中心；社会企业；支持平台；资源链接者

2018年，正好是社联社会企业商务中心（简称SEBC）成立十周年。作为创始人之一的谭颖茜就像看着自己的"孩子"渐渐成长一样，今天这个孩子终于成熟而有个性了起来。

2003年，谭颖茜深爱的父亲谭纬亮在一场工业意外中丧失工作能力，后来患上抑郁症，曾企图跳楼自杀。飞来横祸让原本其乐融融的家庭一时之间蒙上了灰暗。之后，她父亲加入九龙医院精神科康复组接受治疗，尽管患病，热爱艺术创作的谭纬亮仍会透过写诗和绘画抒发情感，与一班精神病康复者相互扶持，这使灰暗的生命渐渐出现色彩。谭颖茜为之高兴，同时她也发现很多弱势社群并不是没有谋生的能力,他们很有才能,只是需要一些人给他们助力。因此,谭颖茜想帮助这些弱势社群,让他们有收入和展示才能的机会①。

谭颖茜记得父亲常说的一句话:"要有所为,首要为之",要有所作为,先要踏出第一步去实践,空想无用。2005 年,谭颖茜毅然辞去在香港亚太研究所舒适的工作,加入香港社会服务联会(简称"社联")。那时,香港大多数人都不熟知社会企业(简称"社企")的概念,支援社企的平台更是寥寥无几。她依然向当时的扶贫委员会提交建议书倡议发展社企。

2008 年 SEBC 成立了,谭颖茜一直努力参与支援社企的工作,现任 SEBC 的高级经理。被誉为"社企红娘"的她从资金、营销、生产、管理各方面为社企穿针引线,为社企建立合作网络②。现在的 SEBC 是一个成熟的社企协作平台,与政界和商界等都建立了紧密联系的网络,并为社企提供"一站式"服务。那么 SEBC 通过什么样的策略推动香港社企的发展?

一、香港社会企业的概况

(一)历史积淀

香港的社团组织历史悠久。早期的非营利组织发展缘于海外宗教组织和本土民间团体,尤其是华商组织,譬如"东华三院"。东华三院前身是位于港岛太平山街的东华医院,19 世纪 70 年代一群热心的华人为照顾流落于义祠里的垂危病人,集资兴建了这所医院。二战后,大量难民涌入香港,当时社会急需大规模的救济服务。各志愿机构积极回应,涌现了一大批救济型的非营利组织③。社联正是成立于二战后期,前身是"紧急救济联会"。成立之初,联络当时的非营利组织,推行多元化的救济服务,救助

---

① 资料来源于 Impact100: http://m.pmmmedia.com/chi/editor/214/view.php
② 晴报:社企红娘,2013 年 4 月 22 日
③ 吕大乐. 凝聚力量——香港非政府机构发展轨迹[M]. 香港:三联书店(香港)有限公司,2010:38-98。

贫苦人士。逐渐地，政府察觉到发展社会福利工作的重要性，于1958年成立专职负责社会福利工作的"社会福利署"。到了20世纪六七十年代，曾经逃难而来的民众将长期在这里生活下去，归属感需求上升，市民从被救济到主动参与提供社会服务，给予那一代土生土长的青年以社会关怀[①]。

（二）社企兴起

社会企业于20世纪90年代在香港兴起，90年代的香港陷入风雨飘摇之境。遭受了1997年亚洲金融风暴的洗礼和2003年SARS的重击，当时的香港百业萧条，就业形势险峻，失业率高涨。社联的政策研究及倡议部门总监黄健伟说："面对不明朗的经济环境，低收入人士和弱势群体的生活处境极为困难。就业市场不稳，导致他们本来微薄的工资继续缩减，朝不保夕。即使SARS疫情在全球得以控制，但香港的经济、民生一时间仍未恢复。[②]"政府财政收入的减少，使其公共理财策略变得更为谨慎，社会福利开支也随之减少。因而社会福利界开始寻求引入商业元素以维持运营。

这个时期，香港出现了第一间社会企业。当年一群教会弟兄到监狱布道时发现一些罪犯虽有悔改之心，却对前途失去信心。有些释囚重投社会后，得不到社会接纳，再次接触昔日的"损友"，又锒铛入狱。这个现象促使这群基督徒创办了丰盛职业训练中心，将青少年释囚、戒毒康复者和边缘青少年培养成训练有素的学徒，向客户提供优质的汽车维修服务。然而，当时社会对社企的概念并不了解，认为社会福利机构提供的服务应该是免费的。因此这些机构有社企之实，而无社企之名。

从2001年开始，香港政府意识到社会企业可以为弱势群体提供就业机会，开始推动社企的发展。特区行政长官董建华在2001年的施政报告中，以《经济转型期中的社会政策》为题指出加强社会弱势社群自力更生的意志和提升其自我谋生的能力。同年，社会福利署所推展"创业展才能

---

① LEE E W Y. Nonprofit Development in Hong Kong: The Case of a Statist - Corporatist Regime [J]. Voluntas: International Journal of Voluntary and Nonprofit Organizations, 2005, 16（1）: 51-68.

② SEBC出版物: Best Practices in Corporate Social Responsibility and Corporate Sustainability.

计划"协助非营利机构开设小型社企吸纳这类人士就业。

然而，2008年全球经济危机大爆发，香港经济增长速度再一次放缓，加之香港由一个以制造业为经济支柱的社会迈向一个服务型和知识型的金融中心，经济结构的转型导致大量人口失业，贫富差距增大，社会矛盾激化。政府进一步重视社企的发展，政府陆续出台推动社会企业发展的新政策，先后推出"小区投资共享基金""伙伴倡自强"等支持计划。此时，慈善团体纷纷开办社企，经由政府资助的社企项目如雨后春笋般遍布各行各业。

（三）社企发展

过去十年香港社会企业迅速发展，社企数量呈持续增长的态势。根据"社联社会企业商务中心"（简称SEBC）所编制的《社企指南2017》，截至2016年年底香港由非营利团体、企业机构和合作社成立的社会企业的总数量达610间，相比于10年前的222间增长数倍之多。社会企业遍布餐饮、零售、旅游、文化及艺术、护理、医疗以及教育培训等领域[①]。其中健康护理及医疗（Health Care and Fitness）、生活百货（Lifestyle）、饮食（Food and Beverage）和环保（ECO Living）是目前香港社企最为活跃的领域。企业的产业类型以服务行业为主，占68.8%，剩余31.2%的企业提供产品制作与销售[②]。在政策推动下，香港社企的主要目标是为弱视社群创造社会价值和就业机会。就其组织形式而言，六成的社企是慈善团体属下的部门或项目，另外37%的社企则是以公司形式注册[③]。

二、社联社会企业商务中心的成立

SEBC在创立时名称为"社联汇丰社会企业商务中心"，于2017年更名为"社联社会企业商务中心"。SEBC的成立与香港汇丰银行有很大的

---

① 数据来源，SEBC出版的《社会企业指南2017》
② 笔者根据《社会企业指南2017》的目录统计所得
③ 资料来源香港社会企业《透视香港社企实况》研究报告

渊源。2005年，谭颖茜刚来社联做研究员的时候，有一天扶贫委员会的人说："现在的失业率很高，让人头疼啊。你们社联有没有方法帮我们解决问题呢？"委员会的人前脚刚走，老板就立即召集所有人，非常重视地说："你们回去想想有什么点子可以解决失业的问题，多提点意见。"刚好谭颖茜读博的先生在帮理工大学的一个教授做社企的研究。于是，她就向扶贫委员会提交建议书，倡议政府发展社企。这个点子提交上去后，扶贫委员会觉得挺不错，又提交给正在竞选特首的曾荫权。

新的想法总是让人兴奋的，然而令人沮丧的是政府那边并没有什么动静，这个想法似乎被搁置了。谭颖茜由兴奋转而焦虑："如果政府不支持，该怎么办？有点子却没钱搞，恐怕接下来要进入一段空白期了。"

恰巧，香港汇丰银行也十分关注社企的发展，香港很多公益机构走社企模式成功了，而纯粹的捐助容易出现"坐吃山空"的现象。他们看到社联正在做这些事却碍于没钱，于是施予援手，投放财力及人力予以支持。这时汇丰银行的资助无疑是雪中送炭，更为社企商务中心的成立奠定了基础。2007年，在社联的倡导建议下，特首把社会企业列在施政政纲里，为社企商务中心的成立锦上添花。

到了2008年，社会福利署扶弱基金及汇丰银行慈善基金各拨款200万港元，成立了社联汇丰社企商务中心。谭颖茜高兴地说道："这个想法总算落地生根了。"

成立之初，汇丰银行的资助几乎养活了社企商务中心的全班人马。随着商务中心的发展，他们资助的占比也逐渐减小。在汇丰银行主动要求下，现更名为"社联社企商务中心"。不可否认的是，汇丰银行的资助有着积极示范的作用。随后几年，星展银行、花旗银行等公司也与SEBC展开合作。截至2016年年底，SEBC支援逾610间本地社会企业及其受惠者。

表 1 社联—社会企业商务中心大记事[①]

年份	发展历程
2006	社联成立社会企业资源中心 制作全港首本《社企指南》
2008	成立社联－汇丰社企商务中心 举办首届民间社企高峰会 推出社会天使计划服务
2009	开创"好好生意" 与麦肯锡公司编制"社会效益评估工具" 推动成立"社会企业总会"
2010	荣获商界展关怀"杰出伙伴合作计划奖" (合作伙伴：香港上海汇丰银行) 创立"ACT 社会足迹"
2011	加设《社企指南》iPhone apps 版本及网上搜寻器 推出"So-Biz 无障消费计划"
2012	开办首间社企概念店"好好社企"
2014	荣获无障碍网页嘉许计划 2014 金奖 与 Finger Shopping 网上销售平台合作
2015	成为"社会创新及创业发展基金"协创机构， 开展 Impact Incubator 一站支援平台
2017	更名为"社联社企商务中心"

目前 SEBC 由谭颖茜带领一个 15 人的团队，只有她本人的工资由社联直接支付，另外 14 个人需通过运营项目、管理基金等途径获取报酬。因此，SEBC 的分工是项目制导向，不同的人负责不同的项目。团队成员类型呈多元化特征，来自不同年龄层和不同专业背景。成员背景有来自时装设计、历史学、物理学等等。谭颖茜认为正是这种"够杂"的环境才激发出很多创新的想法。

三、推动香港社企的核心策略

2006 年，民政事务总署推出"伙伴倡自强"社区协作计划，资助慈善

[①] 资料来源于香港社会企业商务中心官网：https://www.socialenterprise.org.hk

团体开办社企，加之 2007 年特首施政报告表示大力支持社企的发展，此后香港的社会企业遍地开花。然而，谭颖茜并未因此而高兴，反而忧心忡忡："香港社企发展还面临很大的困难，数量虽不断增长，那又怎样呢？家家都这么小，不成气候，难以扩张且发挥不出力量。"前段时间社企生产的产品不达标的事情又涌入心头，更加焦虑。一些公司想采购曲奇，SEBC 专门找了一些社企去生产，糟糕的是有客人竟然收到"发毛"的饼干，原来社企的员工在生产时忘了放防潮珠。

SEBC 紧急回收全部已售出去的曲奇，但这件事不仅使社企亏本，还会对 SEBC 的声誉造成影响。想到这，社企的其他困境诸如筹措资金、缺乏高素质人才、运营困难等问题也纷纷萦绕在她脑海，谭颖茜再一次陷入了沉思："怎么样才能让社企持续发挥社会影响力？ SEBC 扮演的角色是什么？……"

突然灵机一动："SEBC 的角色是资源链接者，凝聚社会资源，为社企提供一站式服务！"。想到这里，谭颖茜兴奋起来："只有与各界展开密切的合作，香港社企的发展才有希望。"

（一）资金扶持：多种渠道，并驾齐驱

1. 及时雨：星展银行优化基金

正所谓"打江山容易守江山难"，社企也是如此，创业容易守业难。社企整合弱势社群就业，比一般企业投入更多的资源，经营非易[①]。2013 年前后，关于社企发展遭遇瓶颈的报道铺天盖地。3 月香港经济日报声称，"现时全港约有四百多间社会企业，协助弱势社群，但大部分社企属中小规模，普遍欠缺经营经验。当中三成亏损，仅 25% 有钱赚。[②]"这时香港社企发展态势很不明朗，甚至给很多人造成错觉，认为社企是一门"亏本"生意。星展银行并未因此望而却步，反而认为社企在未来会带来更大社会影响力。在 2013 年 2 月 3 日，斥资 200 万元港币，成立"星展社企优化基金"（简称"优化基金"），项目审核和管理由 SEBC 负责。优化基金帮

[①] 晴报：星展斥 200 万，助社企突破瓶颈，2013 年 4 月 9 日
[②] 经济日报：社企欠钱扩充，星展设基金扶一把，2013 年 3 月 7 日

社企提升业务，突破瓶颈，对香港社企的发展无疑是"及时雨"。

事实上，早在五年前星展银行就开始与浸信会爱群社会服务处[①]联手开展"星展社企计划"支援社企的发展，又与不同社企合作开展项目，当时社联是协办机构。在过去四年，超过3500名青少年接受了营商经验的培训，并参与一连串的营商讲座和社企展览活动[②]。这为与社联的二次合作奠定了深厚的基础。自优化基金成立以来，星展银行每年都拨款200万元港币支持本地社企的发展。

"不管你来自哪个行业，只要有实质性业务运作达两年或以上；只要你用创新的手法解决社会问题，都可向社联提交申请。"星展银行传讯部总监朱伊说道，"社企开始成型，给资金予有心有力的社企，可瞬间帮其扩展业务，何乐而不为？"此后，不同专业领域的社企创业家纷纷参与活动，身体力行地用自己的专业知识提出创新的解决方案。

2015年优化基金除资助外更另辟蹊径，选出最后12强的社企参与为期一年的初创培训。SEBC鼓励星展银行不同部门和级别的员工一起参与活动，促进跨部门合作，增强团队精神。80位来自不同专业的星展员工担任义工从旁协助，给12强社企提供营销、财务、审计及信息科技等实在的营商建议。星展银行的义工屡获殊荣，员工也获得了成就感。

过去两年时间，优化基金使24间社企受惠，提升社企的商业效益之余，更为社企创造多元价值。这24间社企利用基金共开发了超过100项新产品或服务，提供了逾7000小时培训，并创造了250个就业职位。

2. 借东风：社创基金

2013年，谭颖茜跟几个社企的创始人聊天得知：他们公司规模小，难以向银行贷款，当遇到资金流动问题需紧急周转时，只能找私人借贷，月偿还利息高达20%。夜晚，谭颖茜躺在床上辗转反侧，满脑子都闪现那几个社企负责人谈的问题，"借贷市场在社企界还不成熟。现在香港近四

[①] 1978年，香港浸信会联会授权香港浸会大学（前称香港浸会学院）筹办浸信会爱群社会服务处（前称浸会爱群社会服务处），并于1982年正式成立投入服务。该机构为慈善机构，参见：https://www.bokss.org.hk/。

[②] 资料由星展社企计划提供：www.enterpriseexp.com.hk

成的社企以公司型的形式注册,这些公司大多属于中小型企业。月利率达20%的私人借贷在香港是很恐怖的一件事。"

SEBC成立前期,她深深地体会了"有想法没钱搞"的感受,同时谭颖茜心里清楚,"如果不是社福机构的背景,以公司形式注册的社企是很难申请到政府的基金。首先,'创业展才能'计划不接受公司型社企的申请。其次,虽然这些私营机构现在可以申请'伙伴创自强'基金,但申请完后政府要求他们去拿免税的身份证明,这意味着公司将不可以分红。很多公司因种种限制望而却步。"

在此之前,香港政府的基金从未试过委托一个民间机构管理,政府的基金譬如"创业展才能",都是由政府评审拨款。谭颖茜想到去年年底政府投资5亿元成立的"社创基金"。"社创基金的目的是用社会创新的方法扶贫,可政府哪有坊间那么了解社会创新,倒不如交给SEBC评审项目和培育他们,这好过政府官员去做这些事吧。"想到这,谭颖茜又陷入一个难题,"该如何去跟政府谈呢?"

一段时间后,谭颖茜代表社联和其他人士特意去找了当时政务司司长。建议整合民间力量,鼓励更多人突破条条框框,发掘非一般的点子。而坊间机构会更了解社会需求和社会创新。

政府在充分考虑建议后认为激发出社会创新想法以达到扶贫效果,关键在于让更多人可以贡献自己的想法和能力,因而政府开始引入"中介平台"。消息一发布,政府立马收到超过40份想成为协创机构的申请书,包括社联在内。

2014年12月,从政府传来消息,"社创基金"宣布与4家机构签订"协创机构"委聘协议,委聘期3年,社创基金将拨五千万资助4个机构[①],其中一家就有社联,谭颖茜听到这则消息激动不已。

2015年4月21日,SEBC正式公布了为期3年的社企资助计划详情,

---

① 四家机构分别为:香港社会服务联会、理大科技及顾问有限公司、心苗(亚洲)慈善基金有限公司及叶氏家族慈善机构,只有社联和理大科技及顾问有限公司负责管理"社创基金",另外两家负责培育社会企业家和启发社会创新精神

社企商务中心将开展名为"Impact Incubator"一站式支援平台①，为不同类型及发展阶段获资助的创新项目提供全面支援，包括"能力提升"和"创新计划"两大范畴，加强项目团队竞争力。计划资助 70 个项目，项目分为"原型"（Prototype）、"创业"（Start Up）及"扩大规模"（Scale Up）3 种类型②。社联社创基金的最终目的是用社会创新的方法应对本港的贫穷和社会孤立问题。

政务司司长出席"Impact Incubator"一站式支援服务开幕礼时表示："社联服务香港接近 70 年，对社会问题有深入了解。社联四百多间机构会员之下的三千多个服务单位，每日为市民提供本港九成社会福利服务。近年成立社企商务中心，体现跨界别合作，推动社会创新。这份履历表，让社联脱颖而出，成为一家协创机构。③"

她继续说道："基金申请资格不限于非营利机构，商业机构，甚至个人，只要有创新思维、可以带来社会效益，社创基金都欢迎。"

截至 2018 年 1 月 31 日，获社创基金资助的创新项目共 99 个，"原型"项目 64 个、"初创"项目 24 个及 9 个"扩大规模"项目④。如图 1 所示。

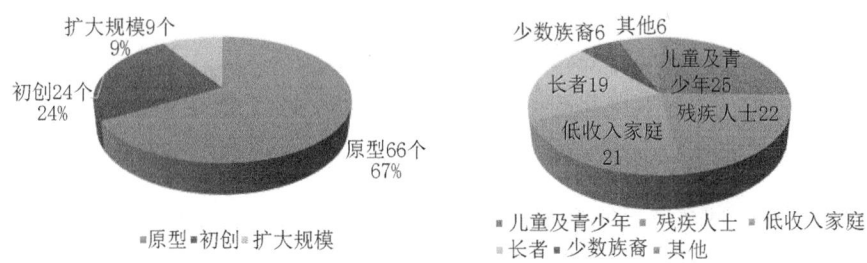

图 1 社创基金资助的项目配比⑤

---

① Impact Incubator 获资助项目除"原型"项目外，将经历"5Is 创构五部曲"（构想 inspire，孕育 incubate，创新 innovation，投资 invest，创效 influence），学习所需知识及技能，更有效地实践方案。

② "原型"要求年满 18 岁或以上的香港永久性居民，个人或注册团体，最长实施期为 1 年，最高资助 10 万元港币，不需配对基金；"创业"和"扩大规模"型要求为所在地注册公司及团体，最长实施期 3 年，须联结配对基金，最高配对金额为 100 万元。

③ 资料来源：SEBC 官网 https://www.socialenterprise.org.hk。政务司司长出席社创基金 impact incubator 暨社企支援服务启动礼致辞全文

④ 资料来源于社会创新及创业发展基金官网：http://sc.sie.gov.hk/TuniS/www.sie.gov.hk

⑤ 资料来源于社会创新及创业发展基金官方网站：http://sc.sie.gov.hk/

为了鼓励社企向外界筹集更多资金，谭颖茜补充说："申请者需在申请前承诺配对不少于总项目预算 50% 的配对基金[①]。"2015 年，社创基金首次跟"星展社企优化基金"推出 1 比 1 配比资助。通过配对资助，获选的社企资助额可跃升一倍。"优化基金"下的每个项目最高可获 20 万元资助，而在配对拨款下，即总资助额将跳升至 40 万元。另外，若获选社企从外界取得更多资金，社创基金会"加码"配对，令最高资助高达 100 万元。这则消息一传出，越来越多基金会也要求申请机构与"社创基金"配对。

（二）能力提升：资源对接，效益评估

1. 社会天使计划

"凝聚社会资源，拓展跨界别合作"这一句话铭记在所有社企商务中心的人心里。香港许多社企规模小，普遍欠缺经营经验，需要专业咨询服务，但又付不起工资。SEBC 刚成立，中心召开了一次会议，谭颖茜在会上强调 SEBC 的角色就像社企界和商界之间的桥梁，用创新的方法连结社企的需要和商界的资源，使社企能可持续地发展。

"商界朋友与社企朋友说'不同的语言'，我们的角色就像翻译和经理人。有时候商界朋友很想帮助社企，但他们的想法及做法跟社福界的很不一样，我们的角色正是桥梁。[②]"谭颖茜语重心长地说道。

"现在香港的上市公司都得提交 CSR 报告，这意味着他必须要做关于社会责任的事，这给 SEBC 一个契机撬动商界资源支援社企以及做社会影响力投资。我们必须打造一个可以整合社会资源的平台"。谭颖茜继续说道。

从 2008 年开始，SEBC 打造了一个连结社企及企业的平台，推出整合咨询与顾问服务、运营效益评估和课程培训一体化的"社会天使计划"。

---

① 配对基金指除社创基金及其他香港特区政府的资助计划以外的起动资金，可以是现金或实物形式资助，配对基金不可以是社创基金及政府辖下其他基金，而配对金额则受有关条款约束并以"社创基金项目评审委员会"决议作准

② 资料来源于 Impact100：http://m.pmmmedia.com/chi/editor/214/view.php

企业可向社企提供免费咨询服务和培训，这些给有需要的社企带来各种知识、技术、网络和合作机会的商业顾问称为"社会天使"。服务涉及方方面面，包括税务会计、人才培训、成本控制、品牌管理、法律顾问、资讯科技、产品开发、销售策略等。在提供支援前，企业会事先评估该社企信息的真实性。企业可以从 SEBC 网站中的《社企指南》[1]索取其证明或直接向 SEBC 查询。在评估后，企业可决定是否提供支援。"社会天使计划"具体的服务内容见表 2。

表 2　社会天使计划[2]

服务类型	服务内容
商业顾问 Business Consultation	不同专业领域的"社会天使"成为社企顾问团体，针对社企的运营需要，提供一次性专业商务咨询服务，指导社企排解疑难
效益评估 Measure of Effectiveness	顾问团体定期与社企管理层会面，客观评估社企的运营状况，共同商讨业务策略，以循序渐进的方式，逐步改善运营效益
商务培训 Business Training	SEBC 定期邀请"社会天使"举办培训课程、专题讲座以及实务工作坊，加强社企管理层及从业人员的经商知识

2014 年 7 月 14 日，民政事务局副局长许晓晖发文"邀请你成为社会天使"，她表示："跨界别合作能够丰富一间社企的营运和管治水平。教学相长，社会天使在贡献一己之力的同时也能深入更多的角度理解如何以专业知识克服社会挑战，提高自己作为知识型义工的能力。[3]"

令谭颖茜开心的是 SEBC 的许多合作伙伴即使不是上市公司，也很自愿去帮忙。有个"社会天使"曾对谭颖茜说："我是个会计师，每天上班都是在看财会表，生活很沉闷。我想要帮助社会，但以前只是做普通的义工，工作不具有针对性，无法体现自己的技能，参加 SEBC 的社会天使计划就很好地发挥了我的专业能力，并意识到自己专业知识的重要性。"

2. SIAT：全面检视社企健康

社企虽发展多年，但公众对社企价值的认知仍处于启蒙阶段，对社企的成败，往往以"赚和蚀"为单一的评价准则。2009 年，社联社企业务总

---

[1] SEBC 每年都编制《社企指南》，罗列全港社会企业的资料供公众查阅
[2] 资料来源于 SEBC 官网 https://www.socialenterprise.org.hk
[3] 晴报：邀请你成为社会天使，2014 年 7 月 14 日

监蔡海伟召开会议说:"今年社会上多了探讨社会企业的声音,唯焦点却集中于社企的业绩,'赚蚀'变成量度社企的唯一指标。对偏重依赖公共资源资助的社会企业发展模式,这种单一性的效益评估往往容易令市民产生偏见。[①]"

蔡海伟继续说道:"当然,不论是社企还是商企,盈利都是必需的,然而我们相信社企的核心价值在于其社会使命。社会及盈利指标应当受到同样重视,而社会带动的社会效益以及社会资本的累积,是相当值得我们去探讨的。"

谭颖茜认为,社企最基本的核心价值是"营利目标和社会目标"。要平衡这两个看似自相矛盾的目标实在不易,这正是社会运营的挑战所在。社会企业以商业模式运作,以实践社会价值为最终目标。如何避免本末倒置是一个值得思考的问题。何谓"社会价值"?社企的成效,该以什么准则来量度?

于是,SEBC联合麦肯锡公司针对香港社企的特色与独有背景共同编制全港首个客观量度社会企业效益的工具(SIAT),以六个指标量度社企的运营表现,协助社企有系统地全面掌握运营状况,配合定期的专业咨询服务,改善运营效益。六个指标具体内容详见表3。

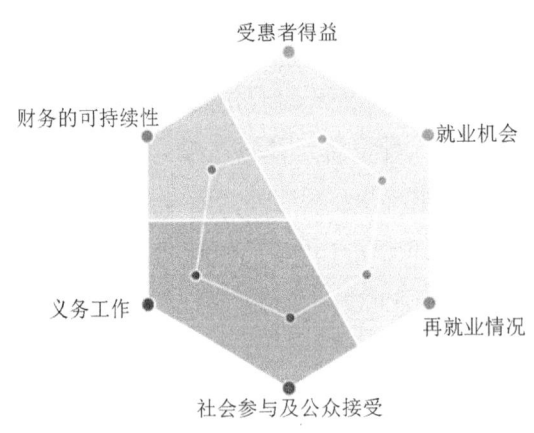

图2 SIAT 模型

评估指标体现在两方面,一方面涉及社企的社会效益,观察社企为本

---

① 资料来源:SEBC 内部资源《社会企业提升计划 2010/2011》,第三页

地弱势社群提供职业培训及开拓就业职位的情况,以及提高市民大众对责任消费的认知效果;另一方面需评估社企自我持续经营的能力,强调财务的可持续性,种子基金只作辅助开业之用。

表3 SIAT 六个指标[①]

财务的可持续性 Financial Sustainability	受惠者利益 Recipient Benefits	就业机会 Employment
有足够现金流量以应付营运开支	受惠的领域(如培训时数、技能及自我形象提升)	受聘员工数目及背景
再就业情况 Outplacement	社区参与及公众认知 Community Engagement	义工工作 Volunteer Force
受聘员工重投公开就业市场的能力评估(如雇员再就业的数字)	公众对社企推广的社会理念的支持度及参与度	参与义工数目、贡献时数及专业知识

除此之外,SEBC 在香港民政事务局赞助下出版了一系列的实务手册,譬如《初创社企实用手册》及《法律形式的选择及运作建议》,为有心办社企的人提供实用的参考资料,内容包括阐释企业与社企的区别、探讨办社企的主要考量因素,并就香港现行可供选择的组织结构及运作模式提供资料分析及个案参考等,为业界以至公众提供一套运营社企的实务典范。

(三)市场推广:线上线下,包罗万象

1.《社企指南》

2006 年社联成立社会企业资源中心,制作全港首本《社企指南》,此后 SEBC 每年都编制《社企指南》,罗列全港社会企业的资料供公众查阅。《社企指南》获香港政府支持及认可,是各政府部门、公营机构、企业及院校履行"责任采购"的重要参考资料。

商界环保协会[②](Business Environment Council)是一家给商界做可持续发展、公平贸易、有机生产、能源环保等认证的商业机构。香港大公司都

---

① 资料来源于社联社会企业商务中心官网:https://www.socialenterprise.org.hk。
② 香港商界环保协会自 1992 年成立以来,一直积极倡导环保,改善公司的环境和社会责任。BEC 为政府、企业、社区提供可持续的解决方案和专业服务。资料来源:http://bec.org.hk/

会关注 BEC 做的认证，因此 BEC 在商界具有很大的影响力。2018 年 2 月 28 日，BEC 将《社企指南》纳入其认证的名单，这一举动扩大了社企在商界的知名度。《社企指南》纳入 BEC 的名单，意味着《社企指南》里面的社企将有资格成为 BEC 会员企业的采购对象。香港的公司，尤其是上市公司不会仅因供应方是社企的身份，而采购其产品和服务。但，被纳入 BEC 的企业将有更大的机会成为供应方。采购方有一套筛选机制，供应方合乎他们的要求，经严格审查后才能纳入采购名单，之后再从采购名单里进行招标。现 BEC 的举措犹如给了社企进入采购名单一张免费的通行证。

因此，SEBC 编制的《社企指南》具有很强的市场应用性，它成了外界认可社企的重要参考资料。谭颖茜说："现在的公司在采购产品前，会问这家机构是不是你们《社企指南》里面的？我们说是，他们核实后就会自动纳入他们的采购名单。虽说社企不一定可以中标，但至少给了他们一个做生意的机会。"

2011 年 SEBC 加设《社企指南》网上搜寻器及手机应用程序（App）等形式，供公众方便快捷地找到全港 600 余家社企的经营地点和联系方式等信息。公众可以根据个人喜好及采购目标，在网上搜寻器或 App 上，选取"业务性质、区域"或"社会目标"中的分类，以及输入关键字，迅速搜寻心仪的社企。同时根据使用者所在的位置，实时提供附近社企的地理信息，或获取前往目标社企的路线。现纸质版累积发行量逾 8000 册、手机应用程序以及网上搜寻器使用达 4000 次①。

2. 好好社企（Good Goods）

2009 年，SEBC 在香港利丰慈善基金会及扶弱基金赞助下，于 11 月份推出一个全港首创的社企销售平台"好好生意"，展示和销售当地社企各类产品。它能够让社企提供的产品在网上进行销售，令购买社企的产品更加便利。现在很多公司的 CSR 部门每年都有经费采购社企产品，却不知道买什么。同时许多社企不知如何推广生产出的产品。SEBC 通过这个销售平台向企业推荐合适的社企产品，正好实现双方需求的对接。除了线上渠

---

① 资料来源于社联社会企业商务中心官网：https://www.socialenterprise.org.hk

道，SEBC 也开设了线下实体店。

2012 年 5 月，社会服务大厦一楼大堂入口处经过一轮翻新装修，门面焕然一新，简约时尚，里面陈列了琳琅满目的货品，有十几块钱的曲奇和花生仁，还有两三百元的手工环保袋等等。这就是 SEBC 增设的社企概念店"好好社企"，细小铺位，却集结了本地及各地社企逾五百件特色货品。SEBC 在电能实业有限公司及扶弱基金赞助下，开办了首间推动可持续消费的好好社企概念店（Good Goods）。

消息刚传出，新浪记者闻讯赶往 SEBC，记者问道："谭经理，恭喜 SEBC 开创了首间'好好社企'实体店，为什么称好好社企概念呢？"

"'好好社企'强调的是消费理念，而不是以赚钱为目的。你在一楼看到的都是有关社会企业、公平贸易、有机环保及具有社会意义的产品。顾客进行消费时，多考虑社会责任或道德层面意义的产品或服务。另外，本地的社企产品多数由单亲妇女、残疾人士、新来港妇女制作，概念店提倡公众选取由弱势社群所制造或提供的社企产品。"谭颖茜道出了好好社企的理念。

"店内的 Logo 有什么含义吗？"记者问道。

"Logo 是两个 G，不单是 Good Goods 的简称，两个 G 大小一样，还代表着生产者和买家可以公平对话，打破大集团话事的失衡社会。"谭颖答道。

"SEBC 已有好好生意的网上销售平台，为何 SEBC 还要创办一间社企概念店？"记者追问。

"香港很多社企都是比较小的规模，很多社企产品在自己的社福机构出售，未必为人熟悉，结果难以打进消费市场，现这些社企产品集中在社联旗下的社企概念店，将有更多的人了解社企产品"。谭颖茜娓娓道来。

3. 网上商店 Good Goods

"在商言商"，对一般企业来说，企业做一些关于非营利的项目都会交给公关或 CSR 部门负责，不会与主要业务扯上关系。作为全球最具规模的供应链管理及零售企业之一的香港冯氏集团董事黄启民先生持非一般的看法:"我们希望运用企业资源和庞大的销售网络,为社企拓展商机之余,更能增加企业的产品种类,同时丰富顾客的体验,达到双赢。[①]"

基于上述的理念,2013年冯氏集团推出生活百货网购平台"指点"Finger Shopping,特别邀请了SEBC旗下Good Goods合作,开设特色社企网店,集中展示和销售社企生产的各种产品,从而让公众方便地浏览和购买所需社企产品。为了方便顾客网购后拿到商品,顾客可全天24小时在遍布全港各社区超过330间OK便利店提货及付款。

黄先生承认:"在计划初期遇到一定的困难,我们的资源有限,难以找到渠道接触不同的社企,所以最初思索如何把想法实践出来时倍感困难。后来透过SEBC这个协作平台,为我们在这方面提供了不少资讯。他们了解社企的困难和需要,同时给我们可行的建议,让我们选出最合适的方案[②]。"

Good Goods在线上线下多个渠道连接,增加社企的收入,有些健康小零食成为Finger Shopping的热卖产品,获得网购顾客不少好评。合作同时引来不少媒体的采访,为Good Goods和Finger shopping带来免费的曝光机会,提高了两者的知名度。后来香港万美有限公司也得知"好好社会"这个平台,于是决定采购SEBC旗下的"好好社企"的产品。果然没让万美失望,午宴当天嘉宾们收到一份包装精美的小礼品,打开一看,是非常独特且有创意的月饼造型手工皂,十分惊喜。不仅迎合了节日气氛,传达了万美集团对来宾的感谢与祝福,也帮助了背后的弱势群体,更提升了公司对外的形象[③]。

4. 社企礼券

2016年年初,谭颖茜的同事突发奇想地说:"Jessica,你知道百佳礼券吧!我们可以出个社企礼券。"

前阵子谭颖茜还在思考如何为服务型的社企做市场推广,突然间恍然

[①] 资料来源:SEBC内部刊物:Best Practices in Corporate Social Responsibility and Corporate Sustainability,第20页

[②] Best Practices in Corporate Social Responsibility and Corporate Sustainability, P20

[③] SEBC出版物:Best Practices in Corporate Social Responsibility and Corporate Sustainability, P12

大悟:"是啊,这个想法很好。我们以前的思路都是帮社企销售实质性的产品,但有些社企没有产品,只提供服务和体验,'好好社企'发挥不出作用。而且仅卖产品,客人只接触了产品不了解背后的社企。如果客人买了社企礼券,就必须去到社企才能使用。这可谓一举两得。"

不久,SEBC旗下的"好好社企"就联合多家社企推出社企礼券。顾客购买社企礼券后,可凭券到全港90多个社企或公平贸易购物点使用。社企礼券刚推出,得悉社企礼券的香港宽频,立即计划以社企礼券取代给客户的购物礼券。

现在有越来越多的企业购买社企礼券,摩根大通去年决定给员工一个新惊喜,向员工派发社企圣诞礼包。礼包内有多款社企产品,公平贸易的茶包,视障人士制造的曲奇、精神病康复者包装的果仁,这次礼物包裹特意放了一张社企礼券。摩根大通希望藉此鼓励员工踏入社企,体会社企实际运作。

当然,摩根大通环球慈善亚太区总监表示说:"摩根大通并不会因为是社企的产品而降低对礼物品质的要求。"

(四)公众教育:感知社会,优化服务

1. ACT 社会足迹

社会企业由于自身资源和能力的制约,难于开展公众教育活动。2010年SEBC推出"ACT社会足迹",支援企业、学校和团体策划社区考察和社会认知等活动,鼓励社会各界了解社企价值及关注不同社会议题。亲身接触、亲身领会,将所学所得应用至学习工作之中。

现今的企业,不再是单纯以盈利来衡量价值,而是开始注重为社会创造共享价值,以提升企业竞争力。ACT配合不同企业的形象和需要,为企业设计富有创意、具有趣味性的培训计划。透过讲座、社会服务、社区考察等活动,加强企业员工对社会议题的认识。KH金融有限公司是一间拥有超过2000名专业理财顾问的上市公司,计划给公司的代言人做一次培训,透过培训提升代言人的演说能力,建立公司真诚和聆听的形象。原本打算与做人才培训的社企合作,但从事培训的社企数目屈指可数,而且培训的内容不对口,几经辗转,却又机缘巧合地与SEBC合作,ACT选择用

"贫穷"这一议题作为培训主题，KH 金融高层管理觉得挺不错的，便开展合作。

企业传讯部董事 Iris 是公司代言人一分子，刚开始对"贫穷"这议题怀有诸多疑问。经培训后，Iris 感触良多，她表示说："通过这次合作，管理层肯定了公司日常运作加入社企元素的可能性和可行性，现在管理层在采购物资时，都会优先考虑社企。"

截至 2016 年年底，参与过培训的人员数量达 8120 人次，总培训时长为 19244.5 个小时，顾客回购率达 82%，满意度达 85% 以上。61% 的培训涉及员工能力发展，28% 的培训是关于项目合作的内容。ACT 社会足迹的特色是将培训与社会议题相结合，46% 的议题关注社会扶贫议题，33% 的培训关注环境保护和可持续发展的问题。如图 3 所示。

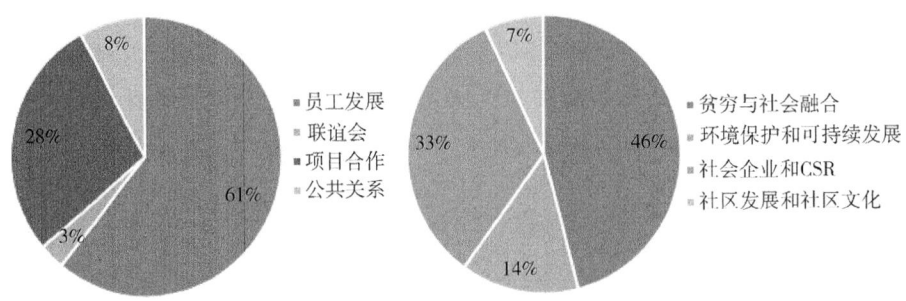

图 3　企业参与培训的类型、议题

除此之外，ACT 还推出"通识课支援计划"支援学校及教育团体筹划以时事、议题为主的学习活动，让学生跳出教室走进社区，身临其境地探究社会真相。为配合教学需要，ACT 团队会与老师商讨满足共同订立学习目标，老师可选用一个或多个社会认知专题以满足教学需要。社会认知专题包含贫穷和社会平权与公义、社区发展与本地文化、社会创新与社企行为责任、环境环保与可持续发展。

2. 无障消费计划（So-Biz Project）

社联早前完成香港首份无障碍消费调查报告，显示约有 84% 的受访长者、残疾人士及少数族裔进行消费时都曾遇上困难或障碍，其中最大的两项消费障碍分别是"服务态度恶劣"和"难以与服务员沟通"。现少数族裔、长者和残疾人士等社群约占香港总人口的两成，可是他们消费时却经常遭到不平等待遇。在一次会议上，行动不便的伤残人士罗先生讲述了他的不愉快经历："我去买衣服时，店员不情愿为我拿衣服量尺寸，仿佛我不是他们的顾客"①。

这一下子就触动了谭颖茜的内心："我们现在也要转变思路，怎样把社会企业家精神传达给企业，通过后续配套的能力建设和工作坊，让企业向长者、残疾人士提供优质服务，这样才会更有效率。"

2011 年在工业贸易署"中小企业发展支援基金"的拨款资助和接近 30 家商会、机构、社福组织与大学代表的支持下，SEBC 推出"无障消费计划"（So-Biz Project）。无障碍消费正好向中小企业推广"优质服务·无障关怀"的理念，并鼓励他们针对弱势群体开拓更多商机。

社联行政总裁方敏生女士认为："商户若能做到无障碍消费，便能给予消费者信心，吸引弱势社群光顾。此外，具备这些态度和行为的商户，更能建立商铺的信誉和开拓市场空间，令商户及消费者达至双赢效果。"SEBC 还设有 So-Biz 奖项奖励实施"优质服务·无障关怀"的商户，并为商户在 So-Biz 网站及其他渠道进行推广宣传②。

过去十年间香港社会企业发展迅速，由 2007 年的 222 个社企单位增加到 2016 年年底的 610 个，数量上增长了 175%，并且至今仍然保持强势的增长趋势。此外，这些年公众对社企的认知也有所提高。根据香港中文大学创业研究中心发布的《透视香港社企实况研究报告》，公众对社企的认识有显著上升，78.5% 的受访者对社企有所了解，同时约有七成受访者表示在未来六个月内，必定或者有可能会购买社企的服务或产品。其主要原因是他们希望通过自己的消费来回报社会③。除了"数量"上的增长，社企商务中心更看重社企本身能力的提升、产品的竞争力等等，通过采用"资金扶持""能力提升""市场推广"和"公众教育"四大核心策略全面

---

① 明报：香港社会服务联会"无障消费计划启动"，消除消费障碍，助中小企提升服务，2012 年 1 月 16 www.socialenterprise.org.hk/sites/default/files/share/files/posts/SEBC/whats_new/20120116_Ming%20Pao.pdf

② 头条日报：无障消费计划，达到社会共赢，2012 年 1 月 16 日，https://www.socialenterprise.org.hk/sites/default/files/share/files/posts/SEBC/whats_new/Headline_Daily_20120116.pdf

③ 数据来源：《香港社会企业——透视香港社企实况》（2014），第 vi 页

推动社会创新和社企发展。在这个过程中，社联汇丰商务中心支援逾 610 间本地社会企业及其受惠者。

尾声

SEBC 成立十周年了。在资金扶持这一块，对社企的资助以提供"种子基金"为主。这一过程中，政府和企业扮演"出资方"的角色，拨款成立专项基金；SEBC 则是"评审方"，负责项目审核和基金运作等事务。对于审核通过的社企或社企项目予以种子基金，并在后期帮助社企提升运营和市场推广的能力，最终目标是有效解决社会问题以及被资助者的可持续性发展。在实际运作过程中，SEBC 比较注重社企实现社会价值目标的情况，而非财务上的回报。由于目前 SEBC 的资助方式还比较单一，谭颖茜正在思考要不要引入其他的资助工具，比如"社会影响力债券"？

社会影响力债券起源于英国，解决政府资金不足导致的社会服务不足问题。社会影响债券是社会影响力投资的一种具体形式，其运作是基于"为成功付费"的结果导向型理念[1]——通过合同结成伙伴关系，当某个特定社会问题改善而形成社会价值和财务回报，政府会根据影响力债券合同履约付款，如果实现目标，政府向投资者返还资金，同时奖励一份利润；如果没有实现目标，政府不作任何返还[2]。但是香港尚未引入社会影响力债券，SEBC 要成为第一个"吃螃蟹"的人吗？ 前阵子，谭颖茜跟社会福利局局长谈过此事，局长说帮政府省钱不是做社会影响力债券的一个理由，但确实可以通过社会影响力债券的项目帮政府解决社会问题，比如长者"软食"[3]不够的问题。因此，谭颖茜思考 SEBC 在资金扶持上是否需要进行战略转型，引入社会影响力债券等创新型工具？如果引入，具体该如

---

[1] V.KASTURIRANGAN, LISAA.ChASE. 为成功付费：绩效支付的后果[J]. 中国社会组织，2015（20）：8-11

[2] WILLIAMS, TOM, JOLLIFFE, DARRICK. The peterborough social impact bond: an independent assessment: developmet of the PSM methodology [J]. ActaChimicaSinica, 2008, 25（2）: 3625-3634

[3] "软食"是适用于老人食用的食物，香港是由一些非营利组织和社企研究和生产"软食"，但产量难以满足需求，很多老人要去很远的地方排队领取"软食"

何操作?

同时,她还在思考另外一个难题:这两年,SEBC 人才流失问题突出,SEBC 的职位扩张远不及同事成长得快,SEBC 该如何应对?

一天,谭颖茜坐在办公室,桌面上又放着一封辞职信。她想起并肩作战了 7 年的同事被商界出双倍的工资挖走了,深深地叹了一口气。她缓缓地打开了信封,一个 90 后的成员说他要养家了,找到一份政府的工作,比 SEBC 工资高一万。虽不想离开 SEBC,但要养家糊口,迫于生活压力而辞职。谭颖茜突然意识到团队里 90 后的孩子们长大了,以前他们刚毕业过来还是个"小不点",现在都开始要养家了。

刚开始接手 SEBC 时,中心只有 3 个人,现在谭颖茜的手下已经有 15 人。为了内部调升,SEBC 的职位一直有扩张。然而,SEBC 的扩张空间有限,同事能力提升的速度远快于机构成长的速度。SEBC 升职加薪不像企业那么容易。面对政府的高薪和商界出双倍的工资"挖人",一方面谭颖茜也想同事有好的发展,另一方面也感到沮丧,花两三年辛苦培养出的人才,实在不易,可终将要离开……

思考题

1. 什么是社会企业?如何理解社会企业作为一种混合组织?香港如何界定社会企业?
2. 结合本案例,请问社企商务中心采取了哪些策略来推进香港社会企业的发展?
3. 结合案例,从创新生态系统视角构建出社企的生态系统,并分析社企商务中心在生态系统中扮演了什么角色?它为什么能够与政界和商界形成良好互动?
4. 如果您是 SEBC 的高级经理谭颖茜,您认为 SEBC 在资金扶持方面是否需要战略转型,下一步可以朝"社会影响力债券"发展吗?
5. 另外 SEBC 该如何应对人才流失的问题?

网络热点事件如何促动政策议程创设?
——以《疫苗管理法》出台为例

曾锡环,廖燕珠

(深圳大学管理学院公共管理系)

摘要:十三届全国人大常委会于2019年6月29日表决通过《中华人民共和国疫苗管理法》,该法的诞生,与2018年7月网络曝光的"长春长生疫苗事件"紧密相关。从网络热点事件发生到政策法律的起草颁布,时隔仅短短的一年。本案例对"长春长生疫苗事件"到《中华人民共和国疫苗管理法》的出台过程进行全景式的剖析。从政策议程创设的视角看,这一现象引发的研究问题是:为何网络热点事件可以在短时间内促动一部法律的诞生,其中的政策议程建构特征是什么?案例分析部分借用"政策议程三源流理论",分析网络热点疫苗事件促动政策议程创设的若干因素及其特征。

关键词:网络热点事件;政策议程;长春长生疫苗事件;疫苗管理法

2019年6月29日,十三届全国人大常委会第十一次会议表决通过了《中华人民共和国疫苗管理法》(以下简称《疫苗管理法》),此法将于2019年12月1日起正式实施。该法诞生与2018年7月发生曝光并迅速成为网络热点事件的"长春长生疫苗事件"紧密相关。一部法律的制定通过过程,其实是一个政策议程的创设过程。《疫苗管理法》的出台过程是观察政策议程创设的绝佳窗口,从政策议程建构视角看,"长春长生疫苗事件"为什么在那么短的时间内促进了《疫苗管理法》制定与通过,其中的政策议程创设特征是什么?这些都是值得探究的现实问题。案例借鉴政策议程有关理论，以网络媒体收集的事件资料为基础，对网络热点事件促动政策议程创设的因素与过程进行了分析。

一、案例正文

"长春长生疫苗事件"掀起的舆论风暴，使"问题疫苗"成为2018年的年度热词之一。该事件波及范围之广、舆论热度之高、事件处理速度之快，前所未有。"长春长生问题疫苗事件"在2018年列入为新华社年度国内十大新闻、2018年中国"质量之光"年度十大质量事件、2018年中国市场监管年度十大新闻等。整个案例的具体发展过程可以分以下几个阶段进行讲述。

（一）序幕：疫苗监管隐患露端倪

2017年11月3日，原国家食药监总局发布《百白破疫苗效价指标不合格产品处置情况介绍》，长春长生生物科技有限公司（以下简称"长春长生"）和武汉生物制品研究所有限责任公司（以下简称"武汉生物"）生产的各一批次共计65万余支百白破疫苗效价指标不符合标准规定，被食药监总局责令企业查明流向，并要求立即停止使用不合格产品。

经检查，长春长生生产的批号为201605014-01的疫苗共计252600支，全部销往山东省疾病预防控制中心；武汉生物生产的批号为201607050-2的疫苗共计400520支，销往重庆市疾病预防控制中心190520支，销往河北省疾病预防控制中心210000支。

消息一出，立马揪住了无数家长的心，65万余支百白破问题疫苗出了什么问题？都去哪儿了？孩子注射了这些疫苗会有什么反应？孩子的疫苗还没打完，还要继续打吗？是不是以后只能带孩子去港澳台打疫苗才安全？

百白破疫苗是预防百日咳、白喉、破伤风的有效手段。中检院《2017年国家药品抽检年报》中提及，效价测定不合格的2批次疫苗中，1批次破伤风效价和百日咳效价不符合规定，1批次百日咳效价不符合规定。一名知情人士透露，被检测出百白破两价不合格的正是长春长生，也就是说，作为长春长生的三价联合疫苗，竟有两价均未能符合中检院的效价测定。原食药监总局发言人彼时提示，该2批次百白破疫苗效价指标不合格，可能影响免疫保护效果，但是对人体安全性没有影响。

2017年11月5日，山东疾控中心曾针对当时情况，发布了《效价指标不合格的百白破疫苗相关问题解答》，对公众关心的问题有一个初步的回应。但此后大半年时间内，官方仍未就上述百白破疫苗效价不合格事件作出调查结论。

（二）开端：飞行检查曝问题

2018年7月15日，国家药品监督管理局发布通告指出，长春长生冻干人用狂犬病疫苗生产存在记录造假等行为。这是长生生物距2017年11月份被发现百白破疫苗效价指标不符合规定后不到一年，再次曝出疫苗质量问题。

通告称，国家药监局根据线索组织检查组对长春长生生产现场进行飞行检查。飞行检查其实就是突击检查，它具有很强的保密性、高效性，尤其是针对举报实施的检查；与以往事先通知被检查企业的跟踪检查相比，飞行检查是一种破除地方保护、揭露并打击行业潜规则、严厉惩戒违法违规行为的强有力手段。

检查组发现，长春长生在冻干人用狂犬病疫苗生产过程中存在记录造假等严重违反《药品生产质量管理规范》（药品GMP）行为。根据检查结果，国家药监局迅速责成吉林省食品药品监督管理局收回长春长生相关《药品GMP证书》，对相关违法违规行为立案调查。所幸的是，此次飞行检查所有涉事批次产品尚未出厂和上市销售，全部产品得到了有效控制。

根据中国证券报的报道，此次事发是由长春长生内部生产车间的老员工实名向国家药监局实名举报长春长生疫苗造假而起。截至2017年年底，长生生物科技股份有限公司（以下简称"长春生物"）拥有在职员工1041人，其中大部分员工都在其子公司——长春长生。长生生物目前在售产品包括冻干水痘减毒活疫苗、冻干人用狂犬疫苗、冻干甲型肝炎减毒活疫苗、流行性感冒裂解疫苗、吸附无细胞百白破联合疫苗和 ACYW135 群脑膜炎球菌多糖疫苗，这些产品都由长春长生进行生产。长春长生在职员工数量在 1000 人左右，其中生产人员约 600 人，此次举报的人便是其中一员。

2018 年 7 月 16 日，长生生物在总部所在地长春举行紧急会议，来自全国各地的 20 多位推广商参会，公司董事会一成员在会上通报了相关状况。此时，疫苗事件也引起了国家领导人的关注，李克强总理在 16 日就疫苗事件作出批示，要求彻查。光明日报、新京报等多家媒体发布有关狂犬病疫苗造假的消息，公众舆论场不断发酵。

2018 年 7 月 17 日，长春长生发声明称，此次所有涉事疫苗尚未出厂销售，所有已经上市的人用狂犬病疫苗产品质量符合国家注册标准；然而，长春长生单方面的质量保证并不能给公众以信心，尤其是近几年使用过其疫苗的人们，担忧情绪日渐积累。

2018 年 7 月 19 日，吉林食品药监局针对此次事件，对长春长生公司予以罚款 344.29 万元。舆情焦点转向政府部门的处理结果，疫苗大案道歉处罚就能了事？长春长生一年净利润高达 5.87 亿元，换言之，罚款总计也不过就是它两天的利润，网络舆论的不满情绪蓄势待发，一场暴风雨蓄势待发。

2018 年 7 月 20 日，检察日报的《疫苗生产记录造假，致歉就能了事？》一文经多次转载。这个时段内的民间舆论场同样活跃，微博平台舆情信息开始猛增，新浪微博用户、@头条新闻、@财经网等媒体官方微博在微博平台发布有关"疫苗事件"进展的博文，引发大量网民的转发与跟评。

（三）发展：网络泛起舆论潮

2018 年 7 月 21 日晚，一篇名为《疫苗之王》的文章迅速在微信朋友圈引爆，关注度超过百万，引发舆论震荡，这篇文章把疫苗安全的监管问题推到风口浪尖。电影《药神》为公众增加的医疗信心，瞬间轰然倒塌，《疫苗之王》犹如一记耳光把大家从银幕拖回至现实。

文章由一个公众号自媒体发出，文章的前半部分讲述了3位曾与长生生物相关的高层人员是如何通过"自己的努力"，在十年间打下了中国疫苗行业的半壁江山。如今，这3人手中拥有着国内最大的乙肝疫苗企业，最大的流感疫苗企业，第二大水痘疫苗企业，第二和第四大狂犬疫苗企业，如此庞大的体量和此次事件的挂钩，让人不寒而栗。文章的后半部分，则细数了3人的企业自2009年以来的数次违法违规事件。

《疫苗之王》在某论坛引发热议，网民的浏览量高达5万+，跟评98条。后称内容不实，当天就被删除，但是舆论已经掀起大浪，问题疫苗又一次强烈地刺激了中国人的敏感神经。在百度指数搜索网站对"疫苗之王"进行检索，并截取2018年7月15日至2018年7月31日数据趋势图（见图1），可见其搜索指数在2018年7月22日就飙升至154648。

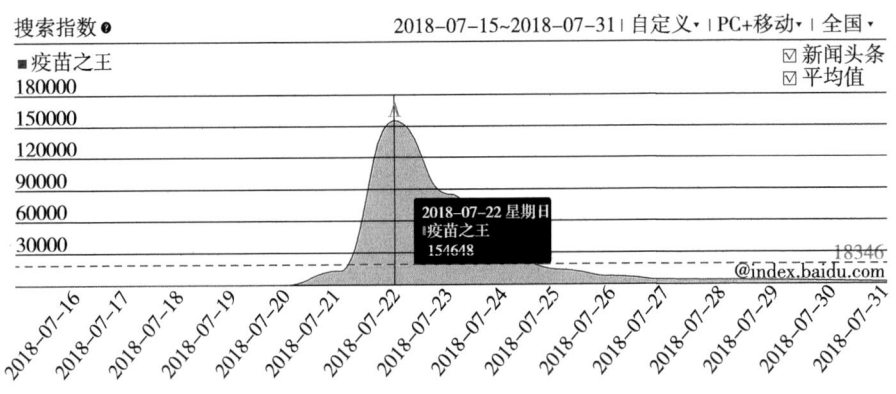

图1　"疫苗之王"百度热词搜索指数图

数据来源：百度指数

（四）高潮：疫苗立法呼声起

2018年7月22日至7月24日，公众对"长春长生疫苗事件"的相关讨论呈井喷式增长。在这一时段内，新闻、App、微信这三大平台的舆情信息均表现为先上升后下降趋势，其中，22日相关舆情信息最多，"长春长生疫苗事件"的百度搜索指数也在此时间段达到了峰值（见图2）。

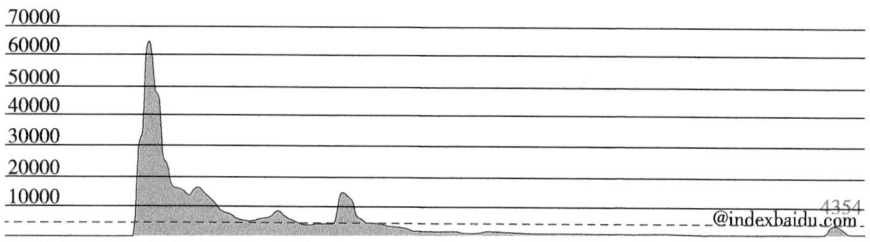

图2 "长春长生疫苗事件"百度搜索指数图

数据来源：百度指数

1. 高层领导连发声

2018年7月22日，中国政府网发文《李克强就疫苗事件作出批示：必须给全国人民一个明明白白的交代》，李克强总理就疫苗事件作出批示：此次疫苗事件突破人的道德底线，必须给全国人民一个明明白白的交代。随后，人民网、中央人民广播电台等多家媒体进行了转载，相关舆情持续上升。

2018年7月23日，习近平总书记对吉林长春长生生物疫苗案件作出重要指示：长春长生生物科技有限责任公司违法违规生产疫苗行为，性质恶劣，令人触目惊心。有关地方和部门要高度重视，立即调查事实真相，一查到底，严肃问责，依法从严处理。要及时公布调查进展，切实回应群众关切。总书记强调，确保药品安全是各级党委和政府义不容辞之责，要始终把人民群众的身体健康放在首位，以猛药去疴、刮骨疗毒的决心，完善我国疫苗管理体制，坚决守住安全底线，全力保障群众切身利益和社会安全稳定大局。此条指示被央广网、新华网等多家媒体进行转载，媒体舆论场相关舆情在此时间段达到顶峰。

此外，官方媒体也连续发声（见表1），中央人民广播电台的《四问长生生物百白破疫苗旧案：25万支劣药今何在？》对问题疫苗去向进行了讨论。其中@网站分析公会发表了代表性博文，文章以官方数据为基础，对问题疫苗流向进行了大数据分析，获得网民的大量转发。也有博文认为除了长生生物之外，武汉生物生产的疫苗流向也值得关注。

表1 长春长生疫苗事件官媒报道整理表

官方媒体	时间	标题
央视网	2018-07-17	是否有人注射?人用狂犬病疫苗生产记录造假三大疑问解答
光明日报	2018-07-17	"狂犬病疫苗记录造假",没有不良反应也该问责
人民日报	2018-07-22	一查到底,方可纾解疫苗焦虑
人民日报海外版	2018-07-22	关于疫苗,公众的恐慌该如何平息?
检察日报	2018-07-22	疫苗生产记录造假,致歉就能了事?
中国之声	2018-07-22	四问长生生物:25万支劣药今何在?
新华社	2018-07-23	护疫苗安全的高压线一定要带高压电!

2. 社会各界齐呼吁

"问题疫苗"备受国人关注,普通民众群体是民间舆论场的主要生力军(见图3),占83.1%,其次为名人和达人群体,包括一些专家学者和舆论领袖,共占14.6%。社会各界多维度对事件进行分析和评论,进一步推动了疫苗立法的发展。

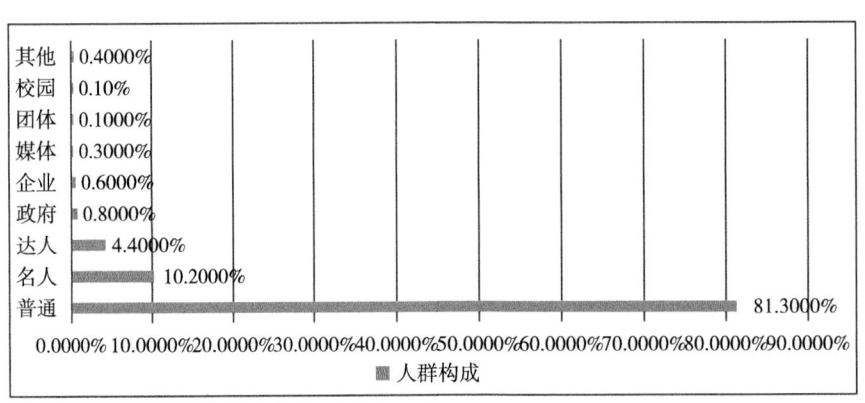

图3 "长春长生疫苗事件"关注人群构成图

数据来源:识微科技

此次事件中,网民的话题主要包括以下几个方面:传播"长春长生问题疫苗事件"的言论占29%;对"疫苗造假"表示愤怒和痛心的言论占24%;认为事件频发的根源在于监管不力、处罚太轻的言论占14%;要求对涉事企业及人员施以严惩的言论占10%;对已接种假疫苗的儿童的健康状况表示担忧的言论占8%;起底长生生物及相关人物情况的言论占7%;

希望尽快出台补救解决方案的言论占4%；认为国产疫苗辜负民众信任的言论占3%，参见图4。

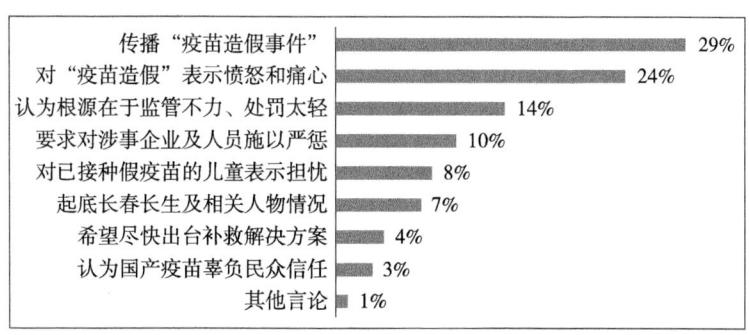

图4 "长春长生疫苗事件"网民话题分布图

数据来源：识微科技

"长春长生疫苗事件"关注人群中，虽然专家学者和舆论领袖只占据了很小的比例，但是他们可凭借其专业知识与舆论的影响力，对疫苗管理的立法进程起着极大的推动作用。

在网络社会，专家学者通过网络这个扩音器将自己观点传播到更多的地方，专家学者凭借自身在相关领域的权威，再通过网络平台，使其政策建议具有放大的效应。在"长春长生疫苗事件"中，来自各界的专家学者们也纷纷就疫苗安全问题提出自己的政策倡议。

厦门大学公共卫生学院副院长称，疫苗生产过程有十几道甚至几十道环节，每个环节的每个动作都要有记录，任何环节不如实记录，都属于造假。上海市疾病预防控制中心免疫规划科主管医师则表示，这种造假行为属于主观故意，性质非常恶劣，对国产疫苗的形象造成巨大的负面影响，"我认为足以吊销狂犬病疫苗生产许可证，甚至禁止该公司继续生产任何疫苗也不为过。"

《药闻社》社长曾在资深媒体关注医疗行业事件多年，疫苗事件也一直在长期关注中。他呼吁，疫苗上市公司应该成立疫苗安全风险基金，为那些遭受了不安全疫苗注射的消费者们提供赔偿。此外也呼吁司法部门对疫苗安全事件的责任人实施穿透政策，每次事故必须要有事故最高责任人来承担后果，否则处罚一堆各个环节链条上的人，也不过是拉来了一堆替罪羊。如果法律不能让真正获得最大回报的人，体会到最大的风险，那么层出不穷的疫苗事件不会有终点。

此外，一些大 V 博主纷纷发文痛批疫苗造假企业，并要求相关部门严查严办，引发网民热议，加大了事件传播力度，引发众多网民讨论。同时 @ 演员大 V 博主针对疫苗造假事件发表评论性观点，引导舆论走向。网络大 V 等在社交媒体上发文，要求有关部门严查涉事企业，严惩企业负责人，给天下所有的父母一个心安的答案，网络大 V 的言论得到了草根网民的大量跟评与转发。

（五）结果：疫苗法律终出台

2018 年 7 月 24 日，长春长生董事长等 15 名涉案人员被公安局拘留。隔天，中国新闻网发文《30 省份回应"问题疫苗"流向 公安纪检等部门介入》，上海、河南、海南、重庆、山东、山西、广西、河北等 8 个省市自治区疾控中心明确表示，全面停用或是暂停使用长春长生狂犬病疫苗；湖南、福建、广东 3 省疾控中心表示，该省境内没有涉事批次狂犬疫苗。前后有 30 个省、自治区和直辖市就问题疫苗事件陆续发声。随着涉事人员的相继被查，"疫苗事件"相关话题热度开始逐步下降，有关事件的后续发展和各地疫苗情况是舆论关注的重点。

2018 年 11 月 11 日，国家市场监督管理总局在官网公布《疫苗管理法（征求意见稿）》，开始为期半个月的向社会公开征求意见。这部疫苗管理的专门法律备受关注，《疫苗管理法（征求意见稿）》由国家市场监督管理总局、国家药品监督管理局、国家卫生和健康委员会等部门共同负责起草。《疫苗管理法（征求意见稿）》对疫苗生产、上市、流通和接种等环节均进行了更严格要求。

《疫苗管理法（草案）》经由三次审议，于 2019 年 6 月 29 日召开的十三届全国人大常委会第十一次会议正式表决通过。我国《疫苗管理法》的出台，将疫苗安全提高到了国家安全的位置，世界各国未有疫苗管理单独立法的先例，我国疫苗管理立法具有开创先河的历史意义。

(六)尾声：疫苗事件的时代回声

2018年12月20日，国家语言资源监测与研究中心、商务印书馆、人民网、腾讯公司联合主办的"汉语盘点2018"揭晓仪式在北京举行。活动共收到网友推荐字词数千条，投票量达数十万。其中长春长生疫苗事件列入2018年度社会生活类十大流行语。

至此，举国震惊的"长生生物疫苗案"已经过去快半年时间，整个事件的详细过程见表2。显然，长春长生问题疫苗案件所暴露出的诸多漏洞和制度缺陷是国家积极起草这部法律的直接加速器。舆论的热浪已经退去，每天都还会有不同的热点冲击人们的眼球，沸沸扬扬的长春长生疫苗事件处理终于给了人民一个满意的答复，但是关于这次事件的讨论还在继续。

表2 长春长生疫苗事件回顾

时间	事件回顾
2017-11-03	长春长生生产的201605014-01批次和武汉生物生产的201607050-2批次"百白破疫苗"效价指标不符合标准规定，原国家食药监总局要求停用相关批次疫苗
2018-07-06	国家药监局会同吉林省局对长春长生进行飞行检查
2018-07-11	长春长生被内部员工实名举报
2018-07-15	国家药监局会同吉林省局组成调查小组进驻企业全面展开调查
2018-07-16	（1）长生生物召回有效期内所有批次的"狂犬病疫苗" （2）李克强总理就疫苗事件作出批示，要求彻查
2018-07-17	长生生物发表声明，已停用生产"狂犬病疫苗"并致歉
2018-07-19	（1）吉林食药监局针对此前的"百白破疫苗事件"罚款344.20万元 （2）国家卫健委疾控局局长毛群安回应狂犬病疫苗质量安全事件
2018-07-21	《疫苗之王》的文章迅速在微信朋友圈引爆
2018-07-22	（1）李克强总理作出批示，此次疫苗事件突破人的道德底线，必须给全国人民一个明明白白的交代 （2）国家药监局通报责令企业停产，收回药品GMP证书，召回尚未使用的狂犬病疫苗 （3）国家药监局会同吉林省局对涉事企业立案调查
2018-07-23	（1）习近平总书记作出重要指示，立即调查事实真相，一查到底 （2）长春新区公安分局对此事进行立案调查 （3）证监会对长生生物立案调查 （4）国务院调查组赶赴吉林，开展疫苗案件调查工作

续表

时间	事件回顾
2018-07-24	吉林省纪委监委对长春长生疫苗案腐败问题调查追责,长春长生董事长高俊芳等15名涉案人员被长春新区公安分局依法刑事拘留。
2018-07-25	(1)世卫组织发布媒体声明,称完全支持国家药监局的行动,并随时向中国国家卫生主管部门提供支持。 (2)国家药监局发布《疫苗监管问答》,对长春长生飞行检查发现哪些问题、目前疫苗流向和控制情况等进行了回应。
2018-07-26	吉林省食品药品监督管理局原党组书记、局长催洪梅(正厅级)涉嫌受贿赂一案,由长春市人民检察院向长春市中级人民法院提起公诉。
2018-08-16	中共中央政治局常务委员会召开会议听取关于吉林长春长生公司问题疫苗案件的调查及有关问责情况汇报,中共中央总书记习近平主持会议。
2018-11-11	国家市场监管总局公布《疫苗管理法(征求意见稿)》。
2018-12-28	十三届全国人大常委会第七次会议对疫苗管理法草案进行分组审议。
2019-04-20	历经公开向社会征求意见后,《疫苗管理法(草案)》二审稿提请十三届全国人大常委会第十次会议审议。
2019-06-29	《疫苗管理法(草案)》三审稿提请十三届全国人大常委会第十一次会议审议,经会议表决通过。

二、案例分析

(一)政策议程的"多源流理论"

约翰·W·金登认为"政府官员在任何给定时间给予某个受关注的主题编目"[①]就是政策议程,根据多源流理论,影响政策制定的三条源流分别是问题源流、政策源流和政治源流。参见图5。

问题源流主要是指对于问题的感知与界定,该源流分析了为什么决策者选择关注某些问题而不是其他的问题,其本质是注意力争夺问题。一般认为问题的严重程度越高或越能满足问题的某种条件,其进入政策议程的优先性也就越高。决定哪些问题可以引起他们的注意的筛选标准一般有焦点和危机事件、各种系统性指标和现行项目的反馈等。

---

① 约翰·W·金登.议程、备选方案与公共政策[M].北京:中国人民大学出版社,2004.

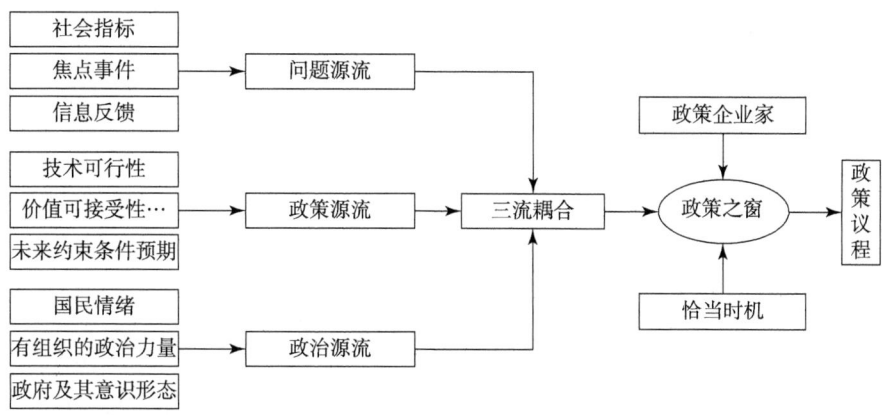

图 5　多源流理论政策议程分析框架图

政策源流阐述的是当问题出现之后，相关领域的各种官方或者非官方的政策共同体围绕特定问题提出政策建议和备选方案，这个政策共同体通常包括官员、专家、学者和国会人员、规划评估预算人员等。方案的形成不是一蹴而就的，相反，它需要反复讨论与劝说，相互碰撞与融合，是一个讨价还价的"软化"的过程。在现实的政策议程中，只有小部分的意见建议或方案能够幸存下来。

独立于问题溪流和政策溪流而流淌的是政治溪流，政治溪流是政策制定的重要影响部分，对于议程状态具有明显的促进或者抑制作用。它由诸如公众情绪、压力集团间的竞争、选举结果、政党或意识形态在国会中的分布状况以及关键人事调整等因素构成。目前，在讨论政治源流时，重点会对公众情绪、政府意识与立场和利益平衡问题进行阐述。

金登认为，上述三种源流通常按照各自机制彼此独立地运行着，它们受到不同力量和风格的支配，但在政策之窗短暂的开启之际，三大源流会在政策企业家的努力下融合在一起。所谓政策之窗，就是"政策建议的倡导者提出其最得意的解决办法的机会，或者是他们促使其特殊问题受到关注的机会。"政策之窗的开启有时候是可以被预知的，有时候又是在人们的意料之外，政策之窗的开启是短暂的，因此参与者必须把握政策之窗开启的时机。

(二)疫苗监管立法的政策议程创设分析

1. 问题源流：立法问题如何被提出？

"长春长生疫苗事件"这个网络热点事件将政策制定者的注意力吸引到疫苗安全的问题上来，但近年来频繁发生的问题疫苗事件与现有疫苗监管制度的不足是构成问题源流的主要内容。

（1）问题疫苗事件频发

"长春长生疫苗事件"是问题源流的加速剂，事件发生之后，疫苗安全的监管问题迅速进入了决策者的视野。事实上，近年来我国问题疫苗事件频频发生（见表3），完善疫苗相关法律制度刻不容缓。在"长春长生疫苗事件"发生之后不到半年，2019年1月7日，江苏金湖县黎城卫生院又发生了一起口服过期疫苗事件，全县145名儿童确定接种了过期脊灰疫苗。疫苗问题的本质是民生问题，屡屡发生的疫苗事件刺痛着公众的敏感神经，进而也引发了公众对国产疫苗整体安全性的信任危机。

表3 2004年以来重大疫苗事件

时间	事件名称	事件介绍
2004-08	江苏宿迁假疫苗事件	宿迁市妇幼保健所从不具备药品经营资格的个人处违法采购疫苗，接种疫苗后多个学生发生不良反应
2005-06	安徽泗县假疫苗事件	卫生防疫保健所擅自与学校联系，组织多名乡村医生对该镇学校的学生进行了甲肝疫苗接种，导致200多名学生出现不良反应
2008-04	江苏造伪疫苗事件	江苏延申生物公司为降低成本，生产时有意添加不易发觉物，共出厂了7批次不达标的狂犬疫苗
2009-02	大连疫苗违法添加事件	大连金港安迪生物制品有限公司生产的部分人用狂犬疫苗中检测出违法添加物
2009-12	广西来宾开水疫苗事件	5岁男童被狗咬伤后发病死亡，化验得知该男童所用狂犬疫苗由开水兑药制成，立案侦查后发现附近乡镇卫生院共有一万多支"开水疫苗"
2010-03	山西疫苗事件	山西有100多名孩子在接种乙脑疫苗后出现致死、致残、病重等状况
2012-03	潍坊非法疫苗事件	潍坊警方查获了一批非法疫苗案，涉及的疫苗达42494支，包括了流感疫苗、乙肝疫苗、狂犬疫苗和水痘疫苗等几乎所有种类的疫苗

续表

时间	事件名称	事件介绍
2016–03	山东非法疫苗事件	山东警方破获案值5.7亿元非法疫苗案,疫苗未经严格冷链存储运输销往24个省市
2018–11	长春长生疫苗事件	长春长生生物科技有限公司和武汉生物制品研究所有限责任公司生产的各一批次共计65万余支百白破疫苗效价指标不符合标准规定
2019–1	金湖过期疫苗事件	江苏金湖县145名儿童接种了过期脊灰疫苗

"疫苗犹豫"是指延迟或者拒绝接受疫苗接种服务,世界卫生组织将"疫苗犹豫"列为今年全球健康面临的十大威胁之一。有调查数据显示,近年来时有发生的问题疫苗事件引发或加剧了公众的疫苗犹豫行为。山东非法疫苗事件发生的两周后,周倩等对深圳市儿童家长接种意愿进行调查,发现有32.4%的家长出现接种犹豫的倾向,儿童疫苗接种率下降[1];卞增惠等对1048名网络用户进行问卷调查,研究长春长生疫苗事件后公众预防接种意愿的变化及相关因素,发现受访对象中有30.7%的人出现狂犬病疫苗接种犹豫,有32.2%的儿童家长出现百白破疫苗接种犹豫,知晓该事件的人群出现接种犹豫的比例高于不知晓该事件的人群[2]。事件的叠加出现与公众对接种疫苗的犹豫使得疫苗管理问题不断进入政府部门的关注视野,从而促进问题源流向前流动。

（2）疫苗管理制度存在不足

构成问题源流的另一重要部分是现存疫苗管理制度存在局限性,这也是近年来问题疫苗事件频频发生的根本原因。目前我国与疫苗管理相关的制度有很多,但实践证明,已有的疫苗管理制度无法对现实发生的政策实践进行良好的回应,总体而言,相关的制度存在以下三个方面的不足:

第一,缺乏系统的监管系统。受历史惯性影响,药品安全呈现分段监

---

[1] 周倩,刘卫民,陈霖祥,林喜乐,唐松源,吴友维.山东非法经营疫苗系列案对深圳市儿童家长预防接种态度和行为的影响[J].中国疫苗和免疫,2018,24(02):230–236.

[2] 卞增惠,张钟,程云凤,马智勇,范华锋.长春长生疫苗事件后公众预防接种意愿网络调查[J].中国公共卫生:1–4.

管的"碎片化"体制,这在疫苗领域表现得尤为明显①。我国疫苗的生产流通环节涉及药监部门、卫生部门、疫苗生产经营企业、疾控机构、接种单位等主体,等等,流通环节繁多,易发生安全问题,由于没有建立全链条式的疫苗管理制度,部门间一旦欠缺沟通和配合,监管就易存在漏洞。在《疫苗管理法》制定之前,涉及疫苗安全监管的政策条文有很多,对疫苗研制、生产、流通、预防接种和监督管理等各环节都做出了相关的规定。然而,这些法律规定缺乏统筹整合,与疫苗相关的监管内容零散分布,监管政策链条缺乏一致性,导致理应分段把关的疫苗质量安全,却在现实中层层失守。

第二,监管法律力度不足。长春长生因"百白破疫苗效价不合格"被处以行政罚款344.29万元人民币,而这却已经是根据《药品管理法》和《消费者权益保护法》等法律规定作出的顶格处罚了。根据长春长生2017年度报告显示,该公司2017年全年营业额为15.53亿元,净利润5.66亿元——相较其营业额,此项行政罚款金额着实较低!违规违法的成本低导致不良企业往往愿为求暴利铤而走险。

监管力度的不足也体现在立法级别上,在《疫苗管理法》通过之前,普遍认为我国疫苗管理最权威的规范性文件是《疫苗流通与预防接种管理条例》,但其属于行政法规,且规定的监管主体比较单一,在疫苗质量监管问题上力度不够。《疫苗管理法》属于全国人大立法,其法律效力在立法级别上高于《疫苗流通和预防接种管理条例》,更有利于进一步提高疫苗管理措施的权威性和稳定性。

第三,法律法规内容不完善。内容上的不完善包括概念界定模糊、补偿机制不完善、药品电子监管码与疾控机构自建的信息网络不兼容,不同地区预防接种信息互不相同,无法实现产品全链条追溯等问题。以《药品管理法》对劣药和假药的界定为例,《药品管理法》用"成分含量"的多寡对劣药予以界定,但对于用以界定劣药的"含量不符"概念中含量的界限范围并未做出具体规定,是大于还是小于,是标准含量的多少百分比等

---

① 胡颖廉. 行政吸纳市场:我国药品安全与公共卫生的治理困境——以非法疫苗案件为例[J]. 广东社会科学,2017(05):206-214.

均未详述[①]。还有此次涉事疫苗因效价测定不符合规定而涉及《药品管理法》第49条规定的劣药，因尚未有证据证明"对人体健康造成严重危害"这一事实，所以大多接种者无法通过《侵权责任法》中的产品责任、医疗损害责任来请求赔偿或者因疫苗不良反应而申请救济；即使根据《消费者权益保护法》进行赔偿，其金额也是杯水车薪。法律界定的不清晰直接导致了违法成本的不同，也给予了不良企业可利用漏洞的空间。

2. 政策源流：政策建议如何形成？

关于加强疫苗监管的政策源流与问题疫苗的产生是相伴而行的，当一个问题被附上解决方案的话，那么它被提上政策议程的可能性就会显著增加。政策源流阐述的是当问题出现之后，相关领域的各种官方或者非官方的政策共同体围绕特定问题提出政策建议和备选方案，在思想博弈的过程中无数的方案被提出，最终有些方案被替代了，有些方案消失了，有些则与其他方案合并在一起。

（1）疫苗安全监管相关政策

"长春长生疫苗事件"发生之后，时隔四个月，国家市场监管总局就公布了《疫苗管理法（征求意见稿）》，这虽是我国首次就疫苗管理问题专门立法，但是《疫苗管理法》不是凭空产生的，其形成过程遵循了多源流理论的发展脉络。

在问题疫苗事件发生之后，考虑到新政策的制定成本等问题，政策制定者首先考虑的是对现有的相关制度进行修订与完善，因此，在某种程度上可以说，修改以往与疫苗管理相关的政策条文是制定新政策制度的备选方案。以2016年3月发生的山东问题疫苗事件为例，事件发生后的同年4月，国务院就对《疫苗流通和预防接种管理条例》进行了修改，这次修改主要针对的就是山东济南非法经营疫苗系列案件暴露出来的问题，着力完善了第二类疫苗的销售渠道、冷链储运等流通环节的管理，并且加大处罚及问责力度。事实上，中国对疫苗安全监督管理非常地重视，《疫苗管理法》制定之前，在疫苗的研发阶段、审批阶段、生产阶段和流通等阶段就

[①] 李歆，王莹，孙晓奕. 从长春长生疫苗事件谈我国假劣药法律界定之完善[J]. 南京医科大学学报（社会科学版），2019，19（01）：13-16.

已制定了相关的监管政策（见表 4），在一般情况下，对已有政策进行修改修订是政策决策者的首选方案。

表 4 疫苗安全监管相关政策

监管阶段	政策体系
研发阶段	《疫苗临床试验技术指导原则》《药品临床试验质量管理规范》《药物非临床研究质量管理规范》《疫苗临床试验质量管理指导原则》《临床试验数据管理工作技术指南》《预防用生物制品临床前研究指导原则》《伦理委员会药物临床试验伦理审查工作指导原则》《预防用生物制品临床前安全性评价技术审评一般原则》
审批阶段	《药品注册管理办法》《进口药品管理办法》《一次性疫苗临床试验机构资格认定管理规定》
生产阶段	《中华人民共和国药典》《药品生产监督管理办法》《药品生产质量管理规范》《生物制品批签发管理办法》
流通阶段	《疫苗经营监督管理意见》《药品经营质量管理规范》《中华人民共和国药品管理法》《疫苗流通和预防接种管理条例》《药品流通监督管理办法》
接种阶段	《医疗事故处理条例》《中华人民共和国药典》《预防接种异常反应鉴定办法》《疫苗流通和预防接种管理条例》
监测阶段	《疫苗流通和预防接种管理条例》《药品不良反应报告和监测管理办法》《全国疑似预防接种异常反应监测方案》《预防接种异常反应鉴定办法》

在政策原汤中漂浮着各种思想，有的是对未来的模糊概念，有的是专门设计的政策建议。思想之间互相作用，只有通过议程检验标准的方案才能幸存下来，其中，技术可行性、价值观可接受性、未来约束条件预期是检验方案能否进入议程的标准。问题疫苗事件接连发生，并且一次比一次更触目惊心，对已有政策法规进行调整与修改已无法有效阻止同类恶性事件的再次发生，因此对现有的疫苗监管制度进行强化升级，专门对疫苗管理进行立法的政策建议将更符合价值可接受性，制定一个生产、流通、预防接种等全链条式监管的《疫苗管理法》的方案浮出了政策原汤。

（2）政策共同体的建议

政策共同体由特定领域的人员构成，他们的身份不一，但是政策共同体中的成员都会围绕着相关的社会问题提出自己的政策建议与政策主张，并希望自己方案能得到重视。政策共同体通常包括政治官员、专家学者和规划评估预算人员等。同时，在网络社会，由于舆论领袖处于网络意见表达和传递的关键节点上,他们的建议表达同样具有影响力。"长春长生疫苗事件"发生之后,许多知名的微信公众号、微博大V与网络红人等都就此事件发表评论,表达了政策偏好,许多观点得到了普通大众的认同,进而得到大量跟评与转发。总的来说,在"长春长生疫苗事件"发生之后,针对疫苗监管问题形成的政策共同体主要包括政治官员、政协委员和专家学者与舆论领袖等,参见表5。

表5 疫苗问题的政策共同体

身份	姓名	主要政策建议	备注
政治官员	焦红	疫苗的监管是监管重点中的重点,监管部门要明确各个环节,企业要承担主体责任	国家药监局局长
	李明扬	对疫苗流通和使用的职责、人员管理、备案报告制度和质量赔偿责任等多方面提出了具体建议	北京市药品监管局
	杨志今	目前有关补偿标准各地都存在不统一、不明确的情况,应尽快制定全国统一的补偿赔偿标准	全国人大常委会委员
政协委员	高福	尽快建立疫苗伤害救济制度,在全程追溯制度之外,保障疫苗安全还需要建立伤害赔偿制度	全国政协委员
	方来英	建立一个覆盖药品全过程的追溯系统,建立统一标准的药品附码体系	全国政协委员
	张凤宝	监管部门可以参照航空用品生产标准,在疫苗生产行业实行"七专产品"模式	全国政协委员
专家学者	王岳	劣药的处罚可以参照假药,将入刑要件放宽到金额,如果金额到了一定数量也要定罪入刑	北京大学卫生法学研究中心教授
	王宏伟	为避免此类事件频发,政府相关部门要对药品生产企业进行监督,对违反药品生产规定的企业加大惩罚力度,提高违法成本	中国人民大学公管学院副教授
	唐钧	制度层面整改确保群众能用上合格的疫苗,建立健全疫苗问题反馈和救济机制	中国人民大学危机管理研究中心主任
	唐民皓	强化疫苗管理的企业责任和社会共治,药品安全治理策略中,需要进一步强调和规范企业责任,同时推进更多社会资源参与	上海市食品药品安全研究会会长
舆论领袖	@史老柒	痛批疫苗造假企业,要求相关部门严查严办	知名科学科普博主
	@何炅	对问题疫苗一查到底,呼吁专家给出补救方案	知名主持人
	@刘璇	要求有关部门严查涉事企业,严惩企业负责人,给天下所有的父母一个心安的答案	体操奥运冠军

然而，这些由政策共同体提出的政策建议和备选方案不是一次性完成的，而是一个不断讨论、修改的过程，这既是不同的政策利益群体之间展开博弈的过程，也是各种观点不断碰撞逐渐产生成熟的政策思想的过程。由于这是我国立法工作首次将疫苗管理提升到国家安全的高度，起草和修订过程中肯定不乏争论。以生产、销售的疫苗属于假药的处罚标准为例，正式通过的三审法规就将二审稿中"处违法生产、销售疫苗货值金额15倍以上30倍以下罚款"提高至"15倍以上50倍以下"。

但是从上表的总结也可以看出，虽然政策共同体各提出了自己的不同政策建议，但是基本价值认识是一致的，议题集中于对疫苗全链条式的监管、提高违法行为的处罚标准、实行全程电子追溯制度等建议之上，政策共同体求同存异、凝聚共识共同推动了政策源流向前流动。

3. 政治源流：政治共识如何构建？

政治源流是政策过程的重要组成部分，它反映了主要决策者对相关问题的回应需求而感到的迫切性。金登对政治源流的构成要素进行了分析，认为政治源流主要包括诸如政治党派、国民情绪、利益集团实力对比、选举结果等因素[1]。中国在政治选举、政府人事、管理权限等方面有稳定运作机制，在议政合一的决策情境下，国民情绪和政府的执政意识成为了《疫苗管理法》政策议程设置中最活跃的元素。

（1）社会情绪激烈

金登认为："在一个国家里有大批的民众正沿着某些共同的路线思考，这种国民情绪以明显的方式经常发生变化，而且国民情绪的这些变化对政策议程和政策具有重要的影响。"政策制定者可以通过与群众的沟通，看媒体的报道、评论，与具有影响力的积极分子或政客谈话来了解国民情绪，在网络社会国民情绪通常是以公众舆论的形式表现出来[2]。

自媒体平台的发展为网络国民情绪的形成，以及为政策制定者对国民情绪的感知提供了有利条件。一方面，在政治源流当中，国民情绪是促进

---

[1] 约翰·W·金登. 议程、备选方案与公共政策 [M]. 北京：中国人民大学出版社，2004.
[2] 黄俊辉，徐自强.《校车安全条例（草案）》的政策议程分析——基于多源流模型的视角 [J]. 公共管理学报，2012，9（03）：19-31+123.

公共政策议程设置与政策变迁的有力推动因素,网络工具为民意的自由表达提供了便捷的快车,网络国民情绪的形成意味着公众就某一社会问题或政策领域朝着一致的方向思考,即广大民众对于问题的态度达成一致;另一方面,对网络国民情绪的感知是政府了解民意的重要渠道,聆听民意对政府社会管理政策制定具有重要导向作用,有利于推动政策制定的民主化与科学化。

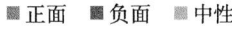

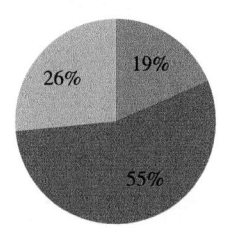

图6 "长春长生疫苗事件"社会舆论情绪分布图

数据来源:识微科技

国民情绪与个人情绪一样具有累积性与爆发性,当负面情绪聚集过多,超过一定限度时极有可能会爆发。频频爆发的问题疫苗事件连续刺痛着公众的敏感神经,"长春长生疫苗事件"发生之时,一是因为事件本身具有严重性,另一方面也是因为同类事件导致产生的负面情绪已经超载,最终导致公众整体对此事件的评论偏消极(见图6)。根据舆情分析网站上收集的数据可知全网关于"长春长生问题疫苗事件"的社会情绪以负面为主,占55.1%,负面的国民情绪主要包括认为"政府部门处理结果避重就轻""政府部门处理事件滞后,监管力度有待加强""企业家以利益为重"等。中立情绪占26.2%,主要以传播事件相关进展信息为主,并未对事件进行评论。正面的情绪仅有18.7%,主要是"支持政府部门处理结果"等。政府感知到国民情绪的变化之后将会采取相应的行动倾向来回应国民的价值取向与利益诉求,而政民的合理互动则有助于彼此就政策问题形成共识。

（2）政府治理理念变化

政治源流的另一个重要构成要素是政府的治理理念，它对政府的所有决策与行动都起着一个思想统领的作用，政府部门对于问题的认知方式与处理态度决定了政策变迁的方向。一方面，疫苗安全管理问题本质上是民生问题，而以人为本、执政为民、关注民生是中国政府部门执政思想的重要组成部分，这要求政府部门需要重视疫苗监管问题；另一方面，2016年，国务院办公厅就发布了《关于在政务公开工作中进一步做好政务舆情回应的通知》，明确了政府部门对政务网络舆情的回应责任，舆情是公众诉求的重要反映，增加公众的参与感是多元共治思想的重要体现，这要求在疫苗监管问题上需要聆听公众的诉求。

政府的行为与言论是执政思想的具体外化，从"长春长生疫苗事件"发生之后，政府部门的线下迅速行动与官方媒体的线上连续发声，这都体现了政府对疫苗管理问题的重视和重构疫苗管理体系的决心。

在问题疫苗事件发生之后，政府部门迅速采取了一系列行动。案例收集了"长春长生疫苗事件"爆发期政府部门的部分行动（见表6），可以看出，从高层领导者连续发出指示，到国家药监局、国务院调查组、吉林省纪委监委和长春新区公安分局等采取不同措施，整个过程历时不到1个月。

表6 事件爆发期政府行动整理表

时间	政府回应
2018-07-22	（1）李克强总理就疫苗事件作出批示 （2）国家药监局通报责令企业停产，召回尚未使用的狂犬病疫苗 （3）国家药监局会同吉林省局对涉事企业立案调查，组织对所有疫苗生产企业飞行检查
2018-07-23	（1）习近平总书记就疫苗事件作出重要指示 （2）长春新区公安分局对此事进行立案调查 （3）证监会对长生生物立案调查 （4）国务院调查组开展长春长生违法违规生产狂犬疫苗调查工作
2018-07-24	（1）吉林省纪委监委对长春长生疫苗案腐败问题调查追责 （2）长春新区公安分局依法刑事拘留长春长生公司15名涉案人员
2018-07-25	（1）国家药监局发布《疫苗监管问答》，对长春长生飞行检查发现的问题、疫苗流向和控制情况等进行了回应 （2）上海、河南和海南等8个省市疾控中心表示，全面停用或是暂停使用长春长生狂犬病疫苗

续表

时间	政府回应
2018-07-26	（1）吉林省食品药品监督管理局原党组书记、局长崔洪海（正厅级）涉嫌受贿赂一案，由长春市人民检察院向长春市中级人民法院提起公诉
2018—8—06	（1）国务院调查组公布了吉林长春长生公司违法违规生产狂犬病疫苗案件调查的进展情况
2018-08-07	（1）国家卫生健康委员会、国家药品监督管理局联合印发《接种长春长生公司狂犬病疫苗续种补种方案》
2018-08-17	（1）国家市场监督管理总局对问题疫苗案件相关工作人员问责

与线下行为相呼应的是代表政府态度的官方媒体，官媒上的信息公布是解读政府态度的重要途径。在"长春长生疫苗事件"发生之后官方媒体也在连续发声，"人民日报、光明日报、央视网、检察日报、中央人民广播电台"五家官媒相继就"长春长生疫苗事件"发表评论，并将质疑指向问题疫苗流向、长生生物是否隐瞒事实、监管为何频频失守等焦点问题。例如，央视网微信公众号发布的《25万只问题疫苗曝光，长生生物道歉就够了吗？》，人民日报微信公众号发布的《一查到底！山东成立专班调查疫苗背后的问题》等文章的阅读量都在短时间内突破10万。

最终，焦点事件"长春长生疫苗事件"的爆发导致公众对问题疫苗事件负面情绪超载，政府执政为民的理念共同推进了政治源流的共识构建。

4. 政策之窗："三源流"如何耦合？

通过上述对问题源流、政策源流与政治源流的分析可知，三条源流已经发生了显著的变化。金登认为，上述三条源流都是彼此独立的，它们受到不同力量支配，在某个特定的时间点上汇合在一起，某个问题就由此被提上了政策议程，然而，三条源流的汇合需要恰当的时机与政策行动者的推动，这个恰当的时机是指政策之窗的开启，这个政策行动者即是政策企业家。

政策之窗又被称为机会之窗，它是政策建议的倡导者提出其最满意的解决办法的机会，或者是他们促使其特殊问题受到关注的机会。总的来说，政策窗口有两种类型：一是问题之窗，它的打开是由于问题源流发生了变化，如重大危机事件的发生所触发的问题之窗开启；二是政治之窗，它的开启是由于政治源流内发生了变化或政治形势发生了转变，比如政治舆论发生了不同于以往的明显转变，又比如新政府的当选并由此带来了新的政治理念，再比如国家的政治稳定程度产生了明显波动，等等。《疫苗管理法》开启的是问题之窗，即由舆情鼎沸的"长春长生疫苗事件"触发引起大家对系列疫苗事件的再次批判与现有疫苗监管制度的反思。

政策之窗的开启为三条源流的交汇与融合创造了契机，也为政策企业家推动三流耦合创造了机会。政策企业家是多源流框架中最重要的行动者，政策企业家在多源流框架中发挥着双重作用：一方面，在讨论政策源流时，政策企业家在思想的软化和备选方案的产生中发挥着不可替代的作用；另一方面，政策企业家也是在政策之窗出现时，促进问题源流、政策源流和政治源流融合的主要行动者，他们将解决方案与问题结合，并且寻找适合将问题纳入议程和符合他们所期望的备选方案的政治氛围。

结合我国的政治语境与《疫苗管理法》的立法过程，除了在政策共同体论述部分的政协委员之外，人大代表也是政策变迁的主要推动力量。如全国人大代表沈志强在两届全国人民代表大会上就多次提出了完善疫苗救济及补偿机制的建议。在对《疫苗管理法》（二审稿）进行审议修改时，沈志强代表在疫苗异常反应的补偿问题上否定了"给予一次性补偿"的做法，提出了应依法保障疫苗接种者合法权益的立法理念，并提出了具体的补偿原则，得到了全国人大常委会的采纳，在后面通过的《疫苗管理法》中否定了"给予一次性补偿"，确立了"目录制补偿＋强制商业保险"的补偿原则。

思考题

1. 我国为什么要对疫苗管理单独立法？
2. 舆论领袖在政策议程创设过程中扮演着什么角色？
3. "长春长生疫苗事件"促动《疫苗管理法》政策议程创设的特征是什么？
4. 列举最近几年我国网络热点事件促动政策议程创设的案例，比较不同案例中的政策议程创设特征。